Hans-Joachim Eckstein

Wie ein Adler

Lieder persönlich erlebt

Mit Skizzen von Eva-Maria Jäger

SCM

Hänssler

SCM

Stiftung Christliche Medien

SCM Hänssler ist ein Imprint der SCM Verlagsgruppe, die zur Stiftung Christliche Medien gehört, einer gemeinnützigen Stiftung, die sich für die Förderung und Verbreitung christlicher Bücher, Zeitschriften, Filme und Musik einsetzt.

Dr. Hans-Joachim Eckstein ist Professor für Neues Testament, Referent und Autor von Sachbüchern und Meditationen, Aphorismen und Gemeindeliedern.
www.ecksteinproduction.com

Dr. Eva-Maria Jäger ist Professorin für Soziale Arbeit an der Internationalen Hochschule Liebenzell, Psychologische Psychotherapeutin und Künstlerin.
www.evamariajaeger.de

© Copyright 2017: Hans-Joachim Eckstein
Verlagsrecht dieser Ausgabe:
SCM Hänssler in der SCM-Verlagsgruppe GmbH
Max-Eyth-Straße 41 · 71088 Holzgerlingen

Internet: www.scm-haenssler.de · E-Mail: info@scm-haenssler.de

Die Bibelstellen wurden eigenständig übersetzt,
wo möglich, in Anlehnung an die Lutherbibel, revidiert 2017,
© 2016 Deutsche Bibelgesellschaft, Stuttgart, zitiert.

Umschlaggestaltung: Christina Burfeind, Hamburg
Titelbild: Tischenko Irina (shutterstock.com)
Satz: typoscript GmbH, Walddorfhäslach
Druck und Bindung: GGP Media GmbH, Pößneck
Gedruckt in Deutschland
ISBN 978-3-7751-5789-6
Bestell-Nr. 395.789

INHALT

Einführung 5

Wenn ich bedenke 9

Gott sei mit dir 14

Du bist ein Wunsch 19

Der kleine Hund 24

Gib mir Liebe ins Herz 29

Sieh die Sterne hoch am Himmel 39

Meine Last ist leicht 45

Petrus, sieh nur zu Jesus 50

Fürchte dich nicht 54

Heb deine Augen auf 61

Lobt den Herrn 67

Jeder Schritt sei dein, Herr 71

Herr, ich liebe dich 79

Vater, lass mich allezeit 82

When I get the blues 90

Bleibe bei uns, denn es wird Nacht 96

Herr, wenn es stimmt 101

Herr, mit dir bin ich gekreuzigt 107

Vor uns liegt ein weites Land 110

Sei getrost und fürchte dich nicht 116

Ich ahne jenseits meiner Fragen 121

Schau vor allem auf Jesus 127

Wir sind dein – Abendlied 132

Du bist das Licht in meiner Nacht 137

Dennoch bleibe ich bei dir 144

Möge Gottes Segen mit dir sein 150

Du in mir, ich bin dein 157

Ich höre mich neue Lieder singen 162

Was du gabst 168

Nichts kann dich mehr trennen 174

Gottes Friede sei mit dir 180

Ein Nachklang:
Am Anfang waren Bekenntnis und Lied 186

Anhang – Die Psalmen als Grundlage
der geistlichen Lieder 191

Anmerkungen 198

Verzeichnis der Bibelstellen 205

Alphabetisches Verzeichnis der Lieder 207

EINFÜHRUNG

»Gott sei mit dir! Er behüte dein Leben! Wie seinen Augapfel schütze er dich! Er trage dich wie ein Adler auf Flügeln, er leite dich ewiglich.« – Sich in die Höhe zu schwingen und aufzusteigen »wie ein Adler« ist eine befreiende und beglückende Vorstellung. Zu vertrauen, loszulassen und getragen zu werden sind biblische Umschreibungen des befreienden Glaubens, um den es in dem vorliegenden Buch geht.

Das Zitat und der Buchtitel stammen von einem der Lieder aus meiner Feder, die auf den folgenden Seiten beschrieben und »persönlich erlebt« werden. Dabei geht es freilich nicht um die Noten der Lieder – wie in dem »Liederbuch« – und auch nicht um die Möglichkeit, die Melodien anzuhören – wie bei den Audio-CDs. Vielmehr sollen die Noten erzählen und die Liedtexte erklingen. In diesem Buch wollen die Lieder ihr Geheimnis verraten.

Wie sind sie entstanden? Welche biblischen Aussagen und Zusagen stehen hinter den Liedtexten? Welche persönlichen Situationen und Erfahrungen kommen in den Melodien und Liedgedichten zur Sprache? Was ist der tiefere Sinn und die bleibende Bedeutung der persönlich gesungenen Wahrheiten? Welches Lebens- und Glaubensverständnis klingt in ihnen an? Manche Leser wollen auch gerne Näheres von den Liedern erfahren, die sie in ihrem Leben persönlich begleitet haben. So gewinnt der Untertitel »Lieder persönlich erlebt« eine vielstimmige Bedeutung.

Was die Entstehungszeit der interpretierten Lieder anbelangt, umspannt der zeitliche Bogen beinahe fünf Jahrzehnte – angefangen bei »Gib mir Liebe ins Herz« (1968) und »Herr, wenn es stimmt« (1969) bis hin zu »Du bist ein Wunsch, den sich Gott selbst erfüllt hat« (2015) und »Gott sei mit dir. Auf den Flügeln des Adlers« (2016). Dabei wurden alle Lieder einbezogen, die auf unseren von Winnie Schweitzer mit jungen Musikern eingespielten Audio-CDs »Lieder«[1] und »Wie ein Adler«[2] zu hören sind. In diesen aktuellen Aufnahmen findet sich eine Auswahl der beliebtesten und neuesten Lieder, deren Texte von mir verfasst und deren Melodien mit je einer Ausnahme selbst komponiert worden sind. Die Noten zu den besprochenen Liedern mit Gitarrengriffen finden sich ganz überwiegend in dem dazugehörigen »Liederbuch« mit 36 Liedern.[3]

Zu Beginn der Abschnitte wird jeweils der vollständige Liedtext als Grundlage abgedruckt. Der Stil der anschließenden Auslegung variiert von der anschaulichen Erzählung bis hin zu einer biblisch fundierten Einordnung und persönlich ermutigenden Anwendung der Texte. Um die Orientierung zu erleichtern, ist neben dem Inhaltsverzeichnis hinten ein alphabetisches Verzeichnis der Lieder beigefügt. Anmerkungen mit Quellenangaben sowie ein Verzeichnis der Bibelstellen finden sich ebenfalls am Schluss des Buches.

Immer wieder wird in den Liedtexten selbst und in ihren hier gebotenen Auslegungen Bezug auf die biblischen Psalmen genommen, die als Grundlage aller geistlichen Lieder gelten können. Der Anhang zu den Psalmen lädt deshalb mit seinen reichen Informationen über Motive, Gattungen und Aufbau zu einer eigenständigen und vertiefenden Lektüre der »Originale« und »Vorbilder« ein, mit denen wir als singende und betende Gemeinde bis heute leben.

Grundsätzlich lässt sich dieses Buch sowohl im fortlaufenden Zusammenhang als auch in beliebiger Auswahl und Reihenfolge der Artikel lesen. Die einzelnen Abschnitte bilden selbstständige Sinneinheiten und sind als abgeschlossene Interpretationen der Liedgedichte bzw. Liedtexte für sich genommen verständlich. Es liegt aber fraglos nahe, mithilfe der Einspielungen oder der Noten auch die Melodien zu den Texten auf sich wirken zu lassen oder – noch besser – auch selbst zu singen oder mitzusingen. Denn die Melodien und die Texte bilden jeweils eine beziehungsreiche Einheit, die einmal spannungsvoll und gegensätzlich, das andere Mal ganz harmonisch und vertiefend wirken kann.

Ein besonderer Gewinn mag darin liegen, die Liedinterpretationen in Haus-, Bibel- und Gemeindekreisen samt biblischen Belegen zu behandeln und die dazugehörigen Lieder gemeinsam mit eigener Begleitung zu singen, zur Tonaufnahme mitzusingen oder zumindest gemeinsam anzuhören. Bei der Veröffentlichung der zweiten Audio-CD haben wir mit den an der Einspielung beteiligten Musikern ein »Gesprächskonzert« veranstaltet, bei dem die einzelnen Lieder im Stil der vorliegenden Texte eingeführt und auf die persönliche Situation angewandt wurden. Diese Art der Verbindung von Musik und Verkündigung, von Singen und Andacht hat sich nicht nur in diesem Fall als sehr reizvoll und anregend erwiesen.

Sehr dankbar sind wir Frau Prof. Dr. Eva-Maria Jäger für ihre Bereitschaft, zu zahlreichen der interpretierten Lieder Skizzen anzufertigen, die zusätzlich zum Verweilen, Nachdenken und Austauschen einladen.

Predigten mögen wir vergessen, und die Erinnerung an einzelne Andachten oder gelesene Texte kann gelegentlich kurz sein. Ein Lied aber, das uns einmal angesprochen und inspiriert hat, begleitet uns über Jahre hinweg. Es meldet sich manchmal nach langer Zeit zurück und ist uns in einer kritischen Situation ein treuer Tröster und Berater. Denn beschwingende Lieder beflügeln das Herz; und die Worte und Bilder der Texte erreichen uns nirgends so unmittelbar, ganzheitlich und bleibend wie durch die Sprache der Musik.

Hans-Joachim Eckstein

WENN ICH BEDENKE
WHEN I REMEMBER

Wenn ich bedenke, was der Herr getan,
dann kann ich niemals mehr zurück.
Nein, dann kann ich niemals mehr zurück.
Wenn ich bedenke, was der Herr getan,
dann kann ich niemals mehr zurück.

When I remember what He's done for me,
I'll never go back any more.
No, I'll never go back any more.
When I remember what He's done for me,
I'll never go back any more.[4]

»When I remember…« – Erinnerungen spielen in unserem Leben eine entscheidende Rolle. Von guten Erinnerungen mögen wir noch lange zehren und aus ihnen immer wieder neue Zuversicht gewinnen. Sie können uns beflügeln und uns vergegenwärtigen, was uns wichtig ist. Andererseits können schlechte Erinnerungen uns auch belasten und ängstlich machen. Haben wir gute Erfahrungen gemacht, dann nehmen wir neue Herausforderungen unerschrocken an. Wir vertrauen darauf, dass sich unsere positiven Erlebnisse erneut bestätigen werden. Sind wir aber von Erinnerungen an Enttäuschungen und Verletzungen, an Scheitern und Schmerzen bestimmt, dann mag uns der Mut fehlen, gegen alle Erfahrung etwas

Neues zu wagen. Es kommt also offensichtlich darauf an, dass wir uns an den richtigen – das heißt den lebensfördernden und bestärkenden – Erinnerungen orientieren.

Das Kennenlernen dieses englischen kleinen Liedes ist bei mir jedenfalls mit positiven und ermutigenden Erinnerungen verbunden. Hörte ich es doch zum ersten Mal bei meiner allerersten großen Reise, die ich als Siebzehnjähriger allein – ohne Familie oder Jugendgruppe – ins ferne Nordengland unternahm. Was das Abenteuer noch steigerte, war das »Fortbewegungsmittel«: ein kleines Mokick, das mit gerade einmal 40 Stundenkilometern die über 1 100 Kilometer Entfernung unter die Räder nahm. Im Übermut der Jugend bedeutete das eine Nonstop-Reise von 36 Stunden einschließlich Fähre! Abreise war um 5:00 Uhr morgens, Ankunft um 17:00 Uhr des nächsten Tages – rechtzeitig zu einer Tasse englischen Tees!

Das Ziel war ein internationales Jugend- und Konferenz-Zentrum der Fackelträger/Torchbearers in einem ehrwürdigen alten Gemäuer, das die so geheimnisvolle wie vielversprechende Adresse hatte: Capernwray Hall bei Carnforth/Lancashire. Hier erlebte ich das erste Mal eine christliche Gemeinschaft von jungen Menschen aus den verschiedensten Ländern und Sprachen, eine geistliche Begegnung zwischen jungen Christen aus den verschiedensten Kirchen, Konfessionen und Gemeinden. Unvergessen ist mir die abschließende Abendmahlsfeier geblieben, in der wir aus jeder Nation und Sprache unseren Beitrag zur Liturgie unserer Feier leisteten. Wir verstanden einander zutiefst, ohne die Sprache des jeweils anderen sprechen zu können.

Hier gewann ich eine erste Vorahnung der endgültigen Gemeinschaft mit Jesus Christus und der Einheit aller Christen. Sie verbindet die dankbare Erinnerung an all das, was ihr

Herr für sie getan hat und bleibend tut. Wer diese Gemeinschaft derer, die Jesus Christus dankbar lieben, einmal geteilt hat, möchte niemals mehr zurückkehren in ein altes Leben vor dieser Erfahrung der Zuwendung und Wertschätzung, der Hoffnung und gemeinsamen Freude.

Neben den Predigten und Vorträgen in englischer Sprache beeindruckte mich das gemeinsame Singen von Chorussen, die mir allesamt neu und in ihrer Eingängigkeit und Fröhlichkeit faszinierend waren: »When I remember what He's done for me, I'll never go back any more!« Die Rückfahrt bot genug Gelegenheit, diese Gewissheit beglückt und – im Hinblick auf den bevorstehenden Alltag – auch selbstermutigend dem Wind entgegenzusingen. Die anschließende Übersetzung dieses wie weiterer Lieder ins Deutsche sollte für mich der Anfang allen Textens, Komponierens und Schreibens werden.

»Wenn ich bedenke, was der Herr getan, dann kann ich niemals mehr zurück!« – Es hat gewiss keinen Sinn, nur in der Vergangenheit zu leben; aber wenn wir uns Wesentliches aus der Vergangenheit vergegenwärtigen, kann es uns helfen, ganz in der Gegenwart zu leben und unserer Zukunft zuversichtlich entgegenzuschauen. So sollten wir auch nur insoweit in die Vergangenheit zurückblicken, als es uns vorwärtsbringt. Denn darum erinnern wir uns in der Gegenwart doch so gerne an unsere Vergangenheit: um ihrer noch ausstehenden Zukunft willen! Das Schönste an unserer Vergangenheit waren nicht die damaligen Umstände an sich, sondern dass wir eine Zukunft hatten, auf die wir zulebten! »Niemals mehr zurück!«, sondern vorwärts in die Zukunft, ist die Losung der Hoffnung und der dankbaren Gewissheit. Glücklich, wer zurückfindet zu dieser Heiterkeit der Hoffenden, die das Schönste noch vor sich wissen!

Eines ist dabei noch ganz entscheidend: Es sind nicht die Erinnerungen an unsere eigenen vergangenen Taten und Fähigkeiten, Gefühle und Erfahrungen, die uns tragen können, wenn uns die Zukunft verloren geht. In Trauer und Hoffnungslosigkeit können wir uns gerade nicht von unserer verlorenen Vergangenheit her verstehen. Unsere eigenen vergangenen Möglichkeiten mögen uns den Verlust eher noch schmerzhafter machen. Die Erinnerung an unsere besseren Zeiten lässt dann alles nur noch schlimmer erscheinen. Es ist deshalb das Gedenken an all das, was Jesus Christus, unser Herr, für unser Leben in Zeit und Ewigkeit getan hat, das tröstet und ermutigt. Es ist die Erinnerung an *sein* Tun, die uns voranbringt und wieder zuversichtlich singen lässt.

Übrigens, es ist weniger entscheidend, wie schnell man vorwärtskommt und wie weit die Strecke ist – und seien es gefühlte 1 100 km bei 40 km/h. Wichtig ist allein, dass man in die richtige Richtung fährt und durchhält, bis man am Ziel ankommt. – »I'll never go back any more – niemals mehr zurück!«

Gott sei mit dir. Auf den Flügeln des Adlers

GOTT SEI MIT DIR
AUF DEN FLÜGELN DES ADLERS

Refrain:
Gott sei mit dir! Er behüte dein Leben!
Wie seinen Augapfel schütze er dich!
Er trage dich – wie ein Adler – auf Flügeln,
er leite dich ewiglich.

1. Er führe dich über Höhen und Tiefen;
in seinem Schatten sei bewacht!
Er, der stets hörte und sah, die ihn riefen,
gibt auch auf dich täglich acht!

2. Unter den Flügeln des Höchsten geborgen,
kannst du nun zuversichtlich sein.
All deine Schrecken und all deine Sorgen
werden an seiner Hand klein.

3. Flieg wie ein Adler, lass los und vertraue!
Er will dir Kraft und Stärke sein.
Auf ihn, der liebevoll bei dir ist, schaue!
Er lässt dich niemals allein.[5]

5. Mose 32,10-13; Ps 103,5; Jes 40,29.31

»Wie ein Adler« – was für ein faszinierender und geheimnisvoller Vergleich! Doch woher kommt dieses inspirierende Bild? Was ist sein Ursprung? Es stammt aus der alten Überlieferung der Errettung Israels aus Ägypten und der Bewahrung und Führung des Volkes in der Wüste durch Gott selbst (2. Mose 19,4; 5. Mose 32,10-13). Gott umfing sie und hatte acht auf sie und behütete sie »wie seinen Augapfel«. »Wie ein Adler ausführt seine Jungen und über ihnen schwebt, so breitete er seine Fittiche aus und nahm es und trug es auf seinen Flügeln« (5. Mose 32,11).

Welch ein spannungsvoller Kontrast! Das Volk Israel hat die Unterdrückung in Ägypten und den von Gefahren begleiteten Auszug hinter sich. Es steht vor dem Abschluss der mühseligen Wanderung durch die Wüste. Das ist die vordergründige Erfahrung und die wahrgenommene Wirklichkeit der Wüstengeneration. Zugleich aber gilt von Gott her eine Realität, die die Israeliten im Staub der Wüste gewiss häufig aus den Augen verloren. Ursprung und Ziel ihrer Reise waren durch Gottes Erwählung und seine fürsorgliche Bestimmung vorgegeben. Während all der Zeit ihres Zweifelns und ihrer Anfechtung hatte Gott auf sie acht.

Allein schon das *erste* Bild in 5. Mose 32,10 (vgl. Psalm 17,8) ist überwältigend. Nichts behandeln wir Menschen vorsichtiger, nichts an uns schützen wir behutsamer als unsere eigenen Augen. Gott liegen die von ihm erwählten und erlösten Menschen so sehr am Herzen wie sein eigener Augapfel. So unvergleichlich wertvoll sind sie für ihn, so behutsam begleitet er sie, und so aufmerksam sorgt er für sie.

Das *zweite* Bild, das des *Adlers*, wird in den biblischen Aussagen gleich nach mehreren Gesichtspunkten entfaltet. Zunächst wird an die beeindruckende Beobachtung angeknüpft, dass Vögel ihre Jungen mit ihren ausgebreiteten Flügeln vor Angreifern schützen und diese sich »unter ihrem Schatten« verstecken und bergen können. So muss derjenige, der sich an die Jungvögel heranmachen will, den Kampf mit dem ausgewachsenen Adler aufnehmen. »Unter dem Schatten deiner Flügel habe ich Zuflucht, bis das Unglück vorübergehe«, betet der Psalmsänger (Psalm 57,2; vgl. Psalm 63,8). Dem zu Gott Fliehenden wird verbindlich zugesagt: »Er wird dich mit seinen Fittichen decken, und Zuflucht wirst du haben unter seinen Flügeln!« (Psalm 91,4).

In diesem Sinne ist auch bei unserer Ausgangsstelle, 5. Mose 32,11, davon die Rede, dass der Adler achtsam und schützend über seinen Jungen schwebt. – »Unter den Flügeln des Höchsten geborgen, kannst du nun zuversichtlich sein. All deine Schrecken und all deine Sorgen werden an seiner Hand klein.«

Zugleich wird hier aber auch daran erinnert, dass die Elterntiere zur rechten Zeit ihre Jungen zum eigenen Fliegen anhalten und sie bei ihren Flugversuchen umso achtsamer begleiten. Es ist von dem »Ausführen seiner Jungen«, dem Aufstören zum Flug, die Rede. So musste Israel, so sollen alle, die zu Gott gehören, in ihrem eigenen Leben selbst und unter seiner fürsorglichen Begleitung »das Fliegen lernen«: das Erwachsenwerden, das Loslassen, das Verlassen des Vertrauten und das Vertrauen in das neue Getragen- und Begleitetwerden. – »Er führe dich über Höhen und Tiefen; in seinem Schatten sei bewacht! Er, der stets hörte und sah, die ihn riefen, gibt auch auf dich täglich acht!«

Nun erscheint in 5. Mose 32,11 in diesem Zusammenhang schließlich noch ein *dritter* Aspekt, der zunächst überraschen mag. Es ist hier nämlich nicht nur von dem schützenden Fliegen oberhalb der Jungen die Rede, sondern ausdrücklich davon, dass die – noch unbeholfen flatternden, unsicheren und schnell ermüdenden – Jungen »*auf* seinen Flügeln getragen« werden. Dies wird in der Auslegung immer wieder diskutiert, da bei den uns vertrauten Adlern ein solches Verhalten neuzeitlich erst vereinzelt beobachtet wurde – zum Beispiel bei Steinadlern, die ihre Jungen bei ihren ersten hilflosen Flugversuchen durch Unterfliegen auffangen, um sie dann oben erneut zum Üben anzuhalten.

Allerdings ist bei dem hier bezeichneten Tier wohl nicht an die uns vertrauten Arten von Adlern gedacht, sondern an den schon durch seine enorme Größe höchst eindrücklichen *Gyps fulvus* (»Gänsegeier«; hebr. *nescher*), dessen Körperlänge bis zu 110 cm und dessen Spannweite bis zu 280 cm betragen kann. Er siedelt noch heute – neben Südeuropa, Nordafrika und Zentralasien – auf der Arabischen Halbinsel. Er lebt in bis zu 3 000 m Höhe und wurde im Flug bis zu 3 500 m Höhe beobachtet. Morgens steigt er zur Nahrungssuche auf und fliegt dabei bis zu 60 km weit entfernt von seiner Kolonie. Während Jungvögel generell bei ihrem Flüggewerden mit dem Risiko des Abstürzens durch Unachtsamkeit oder Schwäche leben, wurde vom *Gyps fulvus* (»Gänsegeier«) immer wieder überliefert, dass er nicht nur direkt am Nest, sondern auch bei seinem ruhigen Flug über große Weiten seinen Jungen mit seinen weitspannenden Flügeln Halt und Hilfe bot.

Die ornithologische, das heißt vogelkundliche Debatte unter Fachleuten mag gerne noch weiter andauern, was aber in der Sache für Israel bezeichnet ist, könnte nicht berührender dargestellt sein: Gott sagt zu, sein Volk bei der gefahrvollen, aber zielführenden Reise in das ferne »verheißene Land« fürsorglich zu begleiten und liebevoll zu überwachen – von den ersten »Flugversuchen« und gefahrvollen Niederungen bis hin zu den höchsten Höhen und fernsten Zielen.

Nun kamen in der Anwendung des Bildes von dem schützenden und umsichtig sorgenden »Adler« das alte Israel wie auch wir – als die in Christus zum Volk Gottes Berufenen – unwillkürlich als die »jungen Adler« in den Blick. Wie die Jungvögel von ihren Eltern fürsorglich zum eigenen Fliegen und Aufsteigen angehalten und bei ihren Flugversuchen umsorgt werden, so dürfen die, die auf Gott vertrauen und auf seine Begleitung und Befähigung hoffen, im Wortsinn »beflügelt« aufleben und erstarken. So verwundert es nicht, dass die Wendung »wie ein Adler« an anderen Stellen auch ganz ausdrücklich auf uns als Menschen bezogen wird: »Die auf den Herrn harren, kriegen neue Kraft, dass sie auffahren mit Flügeln wie *Adler*…« (Jesaja 40,31). In Psalm 103,5 beschreibt der von Gottes Barmherzigkeit und Gnade überwältigte Beter die – wörtlich – »beschwingende« und beglückende Wirkung der Fürsorge Gottes mit den Worten »dass du wieder jung wirst *wie ein Adler*«.

Somit schließt sich der Kreis der ermutigenden und beflügelnden Belege zum Vergleich der Gottesbeziehung mit dem Motiv des Adlers. Wie schon die biblischen Zusagen in die Einladung und Ermunterung der ängstlich Festhaltenden und Verzagten einmünden, so bezieht das Motiv des Adlers auch zum Abschluss des Liedes uns selbst mit ein: »Flieg wie ein Adler, lass los und vertraue! Er will dir Kraft und Stärke sein. Auf ihn, der liebevoll bei dir ist, schaue! Er lässt dich niemals allein. Gott sei mit dir! Er behüte dein Leben! Wie seinen Augapfel schütze er dich! Er trage dich – wie ein Adler – auf Flügeln, er leite dich ewiglich.«

DU BIST EIN WUNSCH

1. Du bist ein Wunsch, den
sich Gott selbst erfüllt hat;
bist ein Geschenk, das
sich Gott selber macht.
Du bist auf Erden, weil
er dort im Himmel,
schon eh du warst,
an dich gedacht.

2. Du warst gewollt, als
du auf diese Welt kamst,
auch wenn kein Mensch
es dir jemals so sagt.
Sollten dich Vater
und Mutter vergessen,
ist einer da,
der nach dir fragt.

3. Kennst du das Glück,
wenn dich jemand erwartet?
Ist es nicht schön, ganz
willkommen zu sein?
Kennst du die Freude,
wenn andre sich freuen,
nur weil du kommst
und du allein?

4. Mehr als den Sohn
kann ein Vater nicht senden;
wertvoll bist du, dass
er dir alles gibt.

Mehr als sich selbst kann
der Sohn dir nicht schenken;
ahnst du es jetzt,
wie sehr er dich liebt?[6]

Röm 8,28-39; Joh 6,37.39; 15,16; Eph 1,4-11

Wer bin ich? Was macht mein Leben wertvoll? Wann erfahre ich mein Wirken als sinnvoll und beglückend? Woher beziehe ich Motivation und Zuversicht für meine Lebensentfaltung? Wozu bin ich auf dieser Welt und zu wem gehöre ich?

Nicht jeder stellt sich diese Fragen so ausdrücklich, aber praktisch sind wir alle immer wieder durch sie bestimmt. Oft stehen nicht vernünftige Gedanken am Anfang unseres Bewusstseinsprozesses, sondern die Folgen ungelöster Probleme bringen uns dazu, die angemessenen Fragen zu stellen.

Dies alles betrifft uns gewiss in der Orientierungsphase des Erwachsenwerdens. Aber auch an späteren entscheidenden Schwellen können uns die Grundlagen unseres Lebens unvermittelt fraglich werden: bei der Erfahrung von Verlust und Versagen oder in der Verunsicherung durch einschneidende Veränderungen. Manche erleben auch mitten in ihrem routinierten Alltag plötzlich eine fundamentale Krise, die sie darauf hinweist, dass sie alte Abwertungen, Verletzungen und Irritationen wohl zurückgestellt, aber offensichtlich noch nicht heilsam überwunden haben.

Ob wir selbst uns und unser Leben als bedeutsam und wertvoll empfinden, hängt weniger von unserem äußeren Reichtum, gesellschaftlichen Status oder Schätzwert ab als von der Wertschätzung, die wir persönlich durch andere erfahren.

Nur die Aufwertung und Anerkennung der Liebe kann uns glaubhaft vermitteln, dass wir einzigartig und bedeutsam sind. Kennen wir diese Liebe, dann können wir uns selbst und unser Gegenüber positiv wahrnehmen und erkennen. Aber wie schwer ist es, andere anzuerkennen, wenn wir selbst nicht erkannt worden sind!

So gründet auch unsere eigene Beziehungs*fähigkeit* in unserer persönlichen Beziehungs*gewissheit*; und beide werden durch unsere eigene Beziehungs*erfahrung* und Beziehungs*wirklichkeit* gebildet. Wenn wir uns geliebt wissen, dann können wir auch offen werden und hoffen; und wenn wir hoffen, dann können wir auch lieben und vertrauen.

Wer von uns vermag aber mit Sicherheit zu sagen, dass er bei seiner Geburt gewollt war? Wer kann in der festen Zuversicht leben, dass er für seine Freunde und Angehörigen nicht nur nützlich und vertraut, sondern bedeutend, liebenswert und unentbehrlich ist? Haben wir jemanden, der sich an uns freut – einfach, weil wir da sind? Gibt es jemanden, der uns nie mehr vermissen wollte? Wie dem auch sei – von Gott her gilt für dein Leben in jedem Fall die verbindliche Zusage und feste Gewissheit: Du bist ein Wunsch, den Gott sich selbst erfüllt hat! Du bist ein Geschenk, das Gott sich selbst gemacht hat!

Aber inwiefern können und dürfen wir diese Zusagen ausgerechnet auf uns persönlich beziehen? Es ist das Besondere an der Liebe, dass sie uns das Bewusstsein unseres unermesslichen Wertes und unserer außergewöhnlichen Bedeutsamkeit gibt. Das Besondere an der Liebe *Gottes* ist, dass sie dieses Bewusstsein der Einzigartigkeit jedem Einzelnen unter Milliarden von Menschen zu schenken vermag.

Dabei haben wir als Töchter und Söhne Gottes, die diese Liebe unseres Vaters im Himmel erkennen, gleich eine zweifache Perspektive. Wir sind *gewollt*, wo wir herkommen; und wo wir hingehen, werden wir *erwartet*. Etwas Schöneres als diese Wertschätzung durch die Liebe Gottes werden wir nicht einmal im Himmel erfahren. Und wenn wir von dieser Zuversicht schon hier und jetzt erfüllt sind, verändert das alles an unserem Leben auf der Erde. Denn nichts ist für unser Leben so folgenreich wie die Erfahrung der voraussetzungslosen Liebe.

Aber wie kommen wir dahin, dass wir von diesem Wissen der Zuneigung Gottes mehr als bisher bestimmt werden? Es ist ein Lernprozess des Erkennens und des Bewusstmachens im täglichen Leben. Mehr lieben kann uns Gott gar nicht, als er es schon immer getan hat und uns in Christus und in seinem Evangelium zeigt – aber wir können immer mehr erkennen, wie sehr er uns liebt. Wir brauchen nicht erst Gott von uns aus zu lieben, damit er uns lieben kann, sondern wir wachsen in unserer Liebe, wenn wir erkennen, dass er uns schon immer vollkommen geliebt hat. »Mehr als den Sohn kann ein Vater nicht senden; wertvoll bist du, dass er dir alles gibt. Mehr als sich selbst kann der Sohn dir nicht schenken; ahnst du es jetzt, wie sehr er dich liebt?«

Könnten wir uns nur eine Sekunde mit den Augen dieser Liebe Gottes sehen, dann hätten sich unsere Selbstzweifel gleich für eine ganze Ewigkeit gelöst. »Du bist ein Wunsch, den sich Gott selbst erfüllt hat!« – Und Gott will dir zu einer solchen Erfüllung werden, wie du sie dir selbst nicht einmal zu wünschen gewagt hast.

Du bist ein Wunsch

DER KLEINE HUND
EIN MORITATENGESANG[7]

1. Es war einmal ein kleiner Hund,
ganz hungrig und verzagt.
Einen alten Knochen hatt' er noch,
doch der war abgenagt.
Den hielt er mit den Zähnen fest
und gab ihn keinem her.
Der roch zwar noch nach etwas Fleisch,
doch sättigte er nicht mehr.

2. Auf welche Weise gibt der Hund
wohl seinen Knochen her?
Halt ihm doch mal ein Kotelett hin,
dann fällt die Wahl nicht schwer.
Er wählt ganz flink das bessre Teil
und lässt den Knochen los
und stürzt sich auf das leckre Fleisch.
Nun ist die Freude groß.

3. Lach nicht zu laut über diesen Hund,
sonst lachst du über dich.
Auch du hältst einen Knochen fest:
dein tief gekränktes Ich.
Doch Gott bietet dir viel Bessres an,
so lass das Alte sein!
Genieß das Leben, das er schenkt,
du bist nicht mehr allein![8]

Womit soll man Unvergleichliches vergleichen? Wie soll man Unbegreifliches auf den Begriff bringen? Wie kann man, was kein Auge je gesehen hat, vor Augen stellen, und wie zu Gehör bringen, was noch kein Ohr gehört hat? Kann ein Mensch von sich aus verstehen, was Gott denen bereitet hat, die ihn lieben? Muss es nicht Gott selbst erst durch seinen Geist dem Menschen ins Herz geben (Jesaja 64,3; 1. Korinther 2,9 f.)?

Unter diesen Voraussetzungen wird deutlich, warum Jesus so oft und so vielfältig in Bildern, Vergleichen und Gleichnissen von der »Königsherrschaft Gottes« und vom »Himmelreich« gesprochen hat. Wer das Geheimnis noch nicht kennt und gesehen hat, braucht Vergleiche und Entsprechungen, um vom vertrauten Bild her auf die noch unbekannte und deshalb so schwer vorstellbare Wahrheit schließen zu können.

Dass jemand alles, was er hat, zurücklässt, um Jesus nachzufolgen und sich am Himmelreich auszurichten, ist für die, die bisher weder den Sohn Gottes erkannt noch das Reich seines himmlischen Vaters begriffen haben, nur schwer verständlich. Das kann sich aber ändern, wenn Jesus das bisher Ungesehene im Gleichnis veranschaulicht: Beim Finden des Himmelreichs verhält es sich wie beim Entdecken eines Schatzes in einem Acker, um dessentwillen man alles andere verkauft, um das so viel Wertvollere zu gewinnen (Matthäus 13,44).

So ist es offensichtlich vor allem eine Frage des Blickwinkels, ob man die Lebensveränderungen, die sich mit der Entdeckung der Königsherrschaft Gottes ergeben, als Gewinn oder als Verlust beurteilt. Wie wird die Umgebung jenes glücklichen Menschen wohl darauf reagiert haben, als er plötzlich alles, was ihm bisher lieb und teuer war, aufgab, um – außer sich vor Freude – einen Acker zu erstehen, dessen wahrer Wert für Nichteingeweihte gänzlich verborgen war?

Aus Sicht des beglückten Finders hingegen war die Preisgabe seines bisherigen Besitzes weder Opfer noch Verzicht, sondern – in Anbetracht seines unermesslichen Gewinns – eine selbstverständliche und naheliegende Konsequenz seiner Entdeckung. Vor lauter Freude konnte er gar nicht anders, als sein ganzes Leben an der völlig neuen Situation auszurichten.

Im Gleichnis dürfen Menschen also immer wieder neu das an sich so Unbegreifliche begreifen. Im Vergleich wird das unvergleichlich schöne Geheimnis des überwältigenden Schatzes des Evangeliums von Jesus Christus erschlossen – zunächst durch Jesu eigene Verkündigung auf Erden, dann durch die Apostel und Evangelisten. Schließlich geschieht dies auch durch all die Christen bis heute, die die unerhört erfreuliche Botschaft von Gottes Liebe und Nähe in Jesus Christus als selbst überzeugte Zeugen verbreiten wollen.

An den Gedankengang einer Andacht oder Predigt mögen wir uns schon nach kurzer Zeit nicht mehr genau erinnern können; eingängige Beispiele und erfreuliche Bilder aber bleiben uns oft noch jahrelang im Gedächtnis haften. Das »Lied vom kleinen Hund« entstand bereits vor langer Zeit in unserer zum Glauben einladenden Jugendarbeit, die wir als Schüler und Studierende an Wochenenden und in den Semesterferien durchführten. Es vergeht noch heute kaum eine Konferenz oder überregionale Veranstaltung, an der nicht jemand strahlend zu uns kommt und erfreut auf die gemeinsame Jugenderfahrung von Freizeiten und Offenen Abenden Bezug nimmt – indem er wissend und vergewissernd »Den kleinen Hund« zitiert. Das überwältigende und befreiende Geheimnis des Glaubens bleibt offensichtlich auch bei denen, die es ahnen, am längsten in anschaulichen Bildern bewahrt.

Ja, es stimmt! Wie oft halten wir an Dingen fest, die uns weder wirklich befriedigen noch nähren und stärken können. Aber da wir das Wahre und Wirkliche nicht haben, klammern wir uns verzweifelt an den Ersatz – wie ein hungriger Hund an seinen alten Knochen.

Ja, es stimmt! Es ist weder sinnvoll noch zielführend, den Menschen von Kanzel und Pult dauernd nur vorzuhalten, wie schlecht die Welt sei und wie sehr ihr eigenes Leben unzulänglich und unbefriedigend verlaufe. Mit eindringlichen Mahnrufen zur Verhaltensänderung und mit strengen Aufforderungen zum Verzicht mag man Trotz und Widerstand wecken, aber kaum Einsicht, freudigen Gesinnungswandel und Ablassen vom Falschen. Wer würde es bei einem wehrhaften Hund auch nur versuchen, ihm den Knochen gewaltsam wegzunehmen, wenn er ihn nicht von sich aus hergibt?

Ja, es stimmt! Der abgenagte alte Knochen verliert in dem Augenblick seinen ganzen Reiz, wenn statt des Ersatzes das Eigentliche winkt und statt der verzweifelten Sehnsucht die hoffnungsvolle Erfüllung. Dann wird das Neue mit Freude ergriffen und das, was wirklich und bleibend befriedigt, lässt alles zwanghafte Festhalten und Klammern vergessen. Das eigentlich Ersehnte zu gewinnen und das in Wahrheit Gesuchte zu genießen entlarvt frühere Interessen und Leidenschaften als vordergründig und unwesentlich.

Ja, es stimmt! Was wir im rührseligen Gleichnis vom »kleinen Hund« schmunzelnd und belustigt bestätigen, will auf das eigene Leben erst einmal genauso freudig angewandt werden. In der überwältigenden neuen Erfahrung des Geliebt- und Angenommenseins durch Gott hatten wir gewiss alle die grundlegende Einsicht in die Vorläufigkeit so vieler unserer bisherigen Interessen. Aber da das Himmelreich in seiner umfassenden

Schönheit uns im Alltag noch nicht ständig vor Augen steht, brauchen auch wir immer wieder die Vergleiche des Unvergleichlichen und das Hören des Unerhörten. In unserer »Verbissenheit« und Zukunftsvergessenheit benötigen wir erneut die einladende und anschauliche Vergegenwärtigung des Gekommenen: »Lach nicht zu laut über diesen Hund, sonst lachst du über dich. Auch du hältst einen Knochen fest: dein tief gekränktes Ich. Doch Gott bietet dir viel Bessres an, so lass das Alte sein! Genieß das Leben, das er schenkt, du bist nicht mehr allein!«

GIB MIR LIEBE INS HERZ

1. Gib mir Liebe ins Herz, lass mich leuchten;
gib mir Liebe ins Herz, bet' ich.
Herr, Du selbst bist das Licht, das erleuchtet;
darum scheine Du nun selbst durch mich.

Refrain:
Sing Hosianna, sing Hosianna, sing Hosianna,
sing Hosianna zu dem Herrn.

2. Lass mich sein wie lebendiges Wasser,
das durch Trockenheit fließt – bet' ich.
Herr, Du selbst bist das lebende Wasser;
darum fließe Du nun selbst durch mich.

3. Lass mich sein für die Welt wie ein Hirte,
der für andere lebt – bet' ich.
Herr, Du selbst bist der allertreuste Hirte;
darum sei Du nun auch das durch mich.[9]

SING HOSIANNA!

Als ich diese fröhliche Melodie das erste Mal erklingen hörte,
war ich selbst noch Schüler und für mehrere Wochen auf
einer internationalen Jugendkonferenz im Norden Englands.
Die Strophen des englischsprachigen Jugendliedes variierten
immer die eine Bitte: »Give me oil in my lamp!«/»Gib mir Öl
in meine Lampe!«, mit kurzen Aufforderungen wie: »Keep

me burning!«/»Lass mich dauerhaft brennen!«, oder: »Keep me praising!«/»Lass mich beständig loben!« Damit spielten die Strophen wohl auf das Gleichnis von »den klugen und den törichten Jungfrauen« an, die nur teilweise auf eine lange Wartezeit vorbereitet waren und dementsprechend nicht alle genug Öl hatten, um den Bräutigam bei seinem Kommen angemessen mit einem Fackeltanz zu begrüßen (Matthäus 25,1-13).

Zu Hause angekommen, begleitete mich die so beschwingte wie beschwingende Melodie in meinem erneuten Schulalltag; und ich hörte innerlich – gegen alle Trostlosigkeit – die Selbstermunterung: »Sing Hosianna!« Wenn man als junger Mensch das Leben geschmeckt und die Freiheit gerochen hat, aber doch noch in die Zwänge und Verpflichtungen von Schule und Familie eingebunden bleibt, ist einem bekanntlich nicht immer zum Singen und nach Hosianna zumute. Da kann es schon gelegentlich vorkommen, dass einem zwischendurch »das Öl« ausgeht.

Gegen einen solchen »Ölverlust« – ob durch zu langes Warten, durch Langeweile oder Ermüdung – half mir selbst in diesen ersten Jahren des Glaubens das eigene Singen zum Gitarrenspiel, das ich im Zusammenhang unserer Jugendarbeit zu lernen begann. So entwickelte sich wohl das erste Mal während meines Singens eines englischen Originals ein deutscher Text. Als das Lied bald darauf mit anderen, neu entstanden in kleinen Liederbüchern gedruckt und verbreitet wurde, steckten seine Heiterkeit und Glaubensfreude offensichtlich zahlreiche Jungscharen und Jugendkreise, Freizeitteilnehmer und Gottesdienstbesucher an.

Von vielen Rückmeldungen und eigenen Erlebnissen mit dem Lied »Gib mir Liebe ins Herz!« ragt für mich selbst eine als besonders eindrücklich heraus. Nach allen Erfahrungen in der Jugend- und Freizeitarbeit ging es im Rahmen meines Vikariats auch wieder in die Schule – nun freilich in der nicht unbedingt leichteren Rolle des Lehrers. Nach dem Studium der Evangelischen Theologie und dem ersten Examen galt es jetzt, in der zweiten Ausbildungsphase die Praxis kennenzulernen und sich darin zu bewähren. So fand ich mich im Religionsunterricht in den Klassen 7-9 der Hauptschule wieder.

Für die Jüngeren in der Klasse 7 brachte ich bald meine Gitarre mit und verband die Entfaltung der vorgegebenen Themen immer wieder mit dem gemeinsamen Singen passender Lieder. Im Anschluss brachte ich den verschlossenen Gitarrenkoffer auch einmal in die 9. Klasse mit und wollte ihn zu Stundenbeginn in die Ecke stellen. Ich wäre von mir aus gewiss nicht auf die Idee gekommen, ausgerechnet mit den älteren Schülern in der rauen »weltlichen« Wirklichkeit der Hauptschule »geistliche« Lieder einzuüben.

Da hatte ich freilich bereits die Neugierde geweckt. Was ich denn da verpackt hätte? Warum ich eine Gitarre mitbrächte, wenn ich sie doch gar nicht spielen wolle? Wieso ich ausgerechnet mit den Jüngeren sänge und nicht vielmehr mit ihnen? Ich hätte die Sache absichtsvoll nicht raffinierter anlegen können. Es war aber weder mein pädagogisches noch mein didaktisches Geschick, sondern einfach eine glückliche Fügung. Denn was hätten die »Neuntklässler« wohl gesagt, wenn ich sie von mir aus aufgefordert hätte, im Unterricht gemeinsam mit mir religiöse Lieder zu singen? Aber so entsprach ich ja nur ihrem Drängen – sie hatten es so gewollt.

Fortan konnte ich also jetzt grundsätzlich im Religionsunterricht der Klassen 7-9 in unserer Hauptschule die Lieder gezielt einsetzen und eröffnete damit manches Gespräch, das mit einer verkopften Argumentation wohl nie erreicht worden wäre. Ich gestehe, dass es auch Tage gab, an denen die Klassen – ob durch das Wetter, den vorangegangenen Unterricht oder irgendeinen Ärger – so unruhig und aggressiv waren, dass nur noch das Singen half. Dann waren sie tatsächlich nur noch mit Musik und Liedern einzubinden.

In dieser Zeit kehrte ich oft enttäuscht und niedergeschlagen aus der Schule nach Hause zurück. Dabei ging es weniger um den mangelnden pädagogischen Erfolg oder das eigene didaktische Ungenügen. Der Rektor der Hauptschule hielt mich, wie er sagte, für einen guten Pädagogen, weil in meinem Unterricht noch nie einer ernsthaft zu Schaden gekommen war und ich auch nie verzweifelt, schreiend oder weinend in seinem Büro erschienen war. Worunter ich vielmehr litt, war die Erfahrung, dass diese jungen Menschen eigentlich viel mehr an Beziehungswirklichkeit und Beziehungserfahrung brauchten, als wir es ihnen als Lehrer in diesem Rahmen geben konnten. Es war so viel mehr als diese Schulwirklichkeit nötig, um ihnen für ihr kommendes Leben Mut und Hoffnung, Selbstgewissheit und Vertrauen zu vermitteln.

So hörte ich nicht selten zur eigenen Ermutigung aus dem Munde derer, denen der Start ins Leben in unserer Gesellschaft so schwer gemacht wurde, mein eigenes Gebet: »Gib mir Liebe ins Herz, lass mich leuchten!« – »Lass mich sein wie lebendiges Wasser!« – »Lass mich sein für die Welt wie ein Hirte, der für andere lebt!«

Eines Tages wurde ich von meinen Kollegen im Lehrerzimmer angesprochen, wie es denn käme, dass ausgerechnet die Schüler der anstrengenden 9. Klasse fromme Lieder singend in die Pause rannten. Sie seien »Hosianna« singend die Treppe heruntergesprungen. Das sagten sie weder vorwurfsvoll noch missbilligend, sondern einfach nur fassungslos erstaunt.

Als Jesus in Jerusalem einzog und wirkte, hielten ihm die Schriftgelehrten vor, dass die Kinder im Tempel ihm »Hosianna dem Sohn Davids« zuriefen (Matthäus 21,15-16): »Hörst du auch, was diese sagen?« Jesus antwortete ihnen entwaffnend mit dem Hinweis auf Psalm 8,3: »Aus dem Munde der Unmündigen und Säuglinge hast du dir Lob bereitet.« Gott gefällt es offensichtlich, auch diejenigen in sein Lob einstimmen zu lassen, die weder ihn noch ihr eigenes Leben noch ihren Glauben schon umfänglich erahnen und erkennen können. Oder sollten wir vielleicht umgekehrt folgern, dass wir alle nur deshalb schon jetzt Gott loben können? Offensichtlich gefällt es ihm, uns auch trotz unserer Bedürftigkeit und Unzulänglichkeit in seinen hoffnungsvollen und freudigen Chor einstimmen zu lassen: »Sing Hosianna!«

GIB MIR LIEBE INS HERZ

»Hosianna!« ist ursprünglich ein nachdrücklicher Bittruf an Gott: »Hilf doch!« (Psalm 12,2; 118,25). Als Jesus bei seinem Einzug in Jerusalem vom Volk freudig mit »Hosianna« empfangen wurde, galt dies in Israel bereits als Heils- und Jubelruf für den verheißenen Sohn Davids – »Hosianna dem Sohn Davids! Gelobt sei, der da kommt in dem Namen des Herrn! Hosianna in der Höhe!« (Matthäus 21,9). Sein Kommen im Namen Gottes wurde sehnlich erwartet und mit dem Lobgesang der Psalmen 113–118 regelmäßig liturgisch besungen: »O Herr, hilf doch! O Herr, lass wohlgelingen! Gelobt sei, der da kommt im Namen des Herrn!« (Psalm 118,25 f.).

Für die, die an Christus glauben, haben sich Gottes Verheißungen in dem Kommen Jesu wahrhaftig erfüllt. In ihm kam nicht nur ein menschlicher Nachkomme Davids, sondern Gottes eigener, einzigartiger Sohn, der selbst als Herr bekannt und besungen wird (Matthäus 22,41-46; Römer 10,9; 1. Korinther 12,3; Philipper 2,11). So gilt der Ruf und Lobgesang »Hosianna!« in der Gemeinde Christi zugleich dem himmlischen Vater wie seinem auf der Erde erschienenen und wiederkommenden Sohn, dem Herrn Jesus Christus.

Bei den Strophen des Liedes »Gib mir Liebe ins Herz!« kommt tatsächlich die doppelte Bedeutung des Rufes »Hosianna!« zur Geltung – zunächst als nachdrücklicher *Bitt*ruf »Herr, hilf doch!« wie dann als *Lob-* und *Willkommens*ruf gegenüber dem, der Gottes Heil gebracht hat und es selbst verkörpert. Denn der Beter wendet sich jeweils mit einer dringlichen Bitte an seinen Herrn: »Gib mir Liebe ins Herz, lass mich leuchten«; »Lass mich sein wie lebendiges Wasser; »Lass mich sein für die Welt wie ein Hirte!« Zugleich münden aber alle Strophen in die Erkenntnis ein, dass das, worum wir den Herrn so leidenschaftlich bitten, in ihm tatsächlich bereits gekommen ist und deshalb schon jetzt freudig begrüßt, gelobt und empfangen werden kann.

Gewiss sollen wir als Christen lieben und Licht für die Welt sein (Matthäus 5,14-16.43-48); aber *das* »Licht der Welt« ist Jesus Christus in Person (Johannes 8,12). So kann es nicht darum gehen, dass wir von uns aus werden, was Jesus uns einst vorbildlich vorgelebt hat. Vielmehr werden wir zu denen, die wir werden sollen, wenn er in uns das sein kann, was er schon längst und bleibend ist. Indem Gottes Sohn aufgrund seiner bedingungslosen Liebe nicht nur zu uns auf die Welt kam (Römer 5,6-10), sondern nun auch in unser Herz gekommen ist und dort durch seinen Geist wohnt (Römer 8,9 f.14 ff.; 15,18 f.), ist die Liebe selbst bereits »in unser Herz ausgegossen« (Römer 5,5).

Der Wunsch, in einer ausgetrockneten und dürstenden Welt für andere wie erfrischendes und belebendes Wasser wirken zu können, ist so nachvollziehbar wie begrüßenswert. So hat Jesus selbst doch seinen Jüngern zugesagt, dass von ihnen »Ströme lebendigen Wassers« ausgehen sollen (Johannes 7,38; Jesaja 58,11). Allerdings hat er dazu auch klar die Voraussetzung und Grundlage benannt: »Wen da dürstet, der komme *zu mir* und trinke!« (Johannes 7,37). So sagt er der Samaritanerin am Brunnen in ihrem Lebensdurst nicht nur »lebendiges Wasser« und Befriedigung ihrer tiefen Bedürfnisse zu, sondern sich selbst als die wahre und lebendig fließende Quelle: »Wer von diesem Wasser trinkt, den wird wieder dürsten; wer aber von dem Wasser trinkt, das ich ihm gebe, den wird in Ewigkeit nicht dürsten, sondern das Wasser, das ich ihm geben werde, das wird in ihm eine Quelle des Wassers werden, das in das ewige Leben quillt« (Johannes 4,13 f.). Es wird dann noch einige Gesprächsgänge dauern, bis die Frau erkennt, was Jesus ihr in Wahrheit sagt: »Ich bin's, der mit dir redet!« (Johannes 4,26).

Dabei gibt es bei der Rede vom »lebendigen Wasser« noch eine weitere Tiefendimension, die uns nicht unmittelbar aufgefallen sein wird. Mit »lebendigem Wasser« wird in der biblischen Sprache zugleich das Wasser bezeichnet, das aus einer sprudelnden Quelle bzw. einem Wasser spendenden Brunnen kommt – im Unterschied zu dem Wasser, das lediglich gesammelt und gespeichert wurde. Jemandem, der schon unter Trockenheit gelitten hat, ist der Unterschied zwischen einer lebendigen Quelle und einem notdürftigen Wasserspeicher aus eigener leidvoller Erfahrung bewusst.

Mit seiner Gegenüberstellung von *diesem* Wasser, das den Durst nicht löschen kann, und dem Wasser, das *er selbst* geben wird (Johannes 4,13 f.), nimmt Jesus einen Gegensatz auf, der uns bereits in der Klage beim Propheten Jeremia begegnet: »Denn mein Volk tut eine zweifache Sünde: Mich, *die lebendige Quelle*, verlassen sie und machen sich *Zisternen*, die doch rissig sind und das Wasser nicht halten« (Jeremia 2,13).

Wie oft leiden wir unter einer solchen »Zisternenfrömmigkeit«, die – vielleicht in bester Absicht – versucht, aus eigenem Vermögen Not zu lindern und Bedürfnisse zu stillen. Wie oft haben wir schon enttäuscht festgestellt, dass sich das Leben nicht speichern, das Glück nicht aufheben und die Liebe nicht konservieren lässt. Wir erfahren sie unmittelbar und lebendig oder gar nicht. Aber sprechen wir nicht dennoch immer wieder davon, dass wir »geistlich auftanken« wollen und wieder unsere »Akkus laden« sollten? Die völlig überraschende und befreiende Wende liegt in der Erkenntnis: »Herr, Du selbst bist das lebende Wasser; darum fließe Du nun selbst durch mich.«

Auch die dritte Bitte, für diese Welt »wie ein Hirte« – also wahrnehmend und fürsorglich, helfend und unterstützend – zu sein, kann den Himmel doch eigentlich nur erfreuen, oder? Aber lauert nicht auch hier wieder die Gefahr, dass wir uns selbst völlig überschätzen und zugleich überfordern? Können *wir* die Welt retten – oder auch nur ein einziges »verlorenes Schaf«? Sind wir für alles und jeden verantwortlich, oder ist das nicht gerade Sache unseres himmlischen Hirten? Unser eigener Auftrag und unsere eigene Befähigung, anderen Menschen zu helfen und für sie da zu sein, wie ein Hirte im Idealfall seine Schafe weidet, steht und fällt mit dieser einen befreienden Erkenntnis: »Herr, Du selbst bist der allertreuste Hirte; darum sei Du nun auch das durch mich!«

In dem Maße, wie ich ihn als meinen »guten Hirten« erkenne, der nicht nur viel, sondern sich selbst für mich gegeben hat (Johannes 10,11 ff.), bin ich in der Lage, nun durch ihn und in seinem Auftrag andere Menschen fürsorglich zu leiten und »seine Schafe zu weiden« (Johannes 21,15 ff.). Orientierung und Vorbild für andere (1. Petrus 5,2 f.) können wir nur dann sein, wenn wir selbst uns als bleibend Angewiesene und von uns aus »irrende Schafe« erkennen (1. Petrus 2,25). Die eigene Orientierung, Beauftragung und Vollmacht gewinnen wir allein durch den einen wahren Hirten – den »obersten Hirten«, den »Erzhirten« und »Hirten der Hirten« (1. Petrus 5,3 f.).

So beginnt es in unseren Gebeten – wie so oft – mit einem »Hosianna, Herr, hilf doch!«. Aber eh wir uns versehen, wird zu unserer Freude aus der drängenden Bitte um Gottes Hilfe die überwältigende Einsicht, dass *er* als unsere Hilfe schon gekommen ist und als unser Leben schon längst in unserer Mitte lebt: »Hosianna, gelobt sei, der da kommt im Namen des Herrn!«

Gib mir Liebe ins Herz

SIEH DIE STERNE HOCH AM HIMMEL
(SEGNEN WILL ICH DICH ALLEZEIT)

1. Segnen will ich dich allezeit,
Segen sollst du sein.
Geh, wohin ich dich führen will,
lass dich auf mich ein!

Refrain:
Sieh die Sterne hoch am Himmel,
zähl die Körner dort im Sand!
So will ich dich reichlich segnen.
Ziehe in mein Land!

2. Ich will an deiner Seite sein
als dein Schutz und Schild.
Fürchte dich nicht und traue mir!
Was ich sage, gilt.

3. Hoffe, wo nichts zu hoffen ist,
glaub und zweifle nicht!
Sei gewiss, dass ich halten kann,
was mein Wort verspricht.

4. Tage kommen, da wirst du mich
nicht sogleich verstehn.
Doch vertrau mir, ich sorg für dich,
werde nach dir sehn.

5. Einmal wird dir vor Augen stehn,
wie ich dich geführt,
all der Segen, den ich dir gab –
hast du ihn gespürt?[10]

1. Mose 12,1-3; 15,1-5; 22,15-18; Hebr 11,12

Gibt es ein eindrücklicheres Beispiel für Gottes voraussetzungslose Liebe und seine unbedingte Treue als die Erwählung und Berufung Abrahams, die in seinen Segensworten zum Ausdruck kommt: »Ich will dich segnen ... und du sollst ein Segen sein!« (1. Mose 12,2)? Die Wirkung dieser Segensworte liegt weder in der Magie einer Formel oder Handlung noch in Voraussetzungen und Bedingungen, die der Empfänger erfüllen könnte. Vielmehr besteht sie allein in Gottes gnädiger Zusage und in dem verbindlichen Zuspruch seiner eigenen Gegenwart und Begleitung, seines persönlichen Schutzes und Beistands. Die Kraft der Segenszusage besteht darin, dass Gott *sich selbst* – und damit seine Gemeinschaft und sein Wirken zum Guten – zusagt. »Fürchte dich nicht, Abraham! Ich bin dein Schild und dein sehr großer Lohn« (1. Mose 15,1).

Als Gott seinen Segen zusprach, konnte Abraham es zunächst gar nicht glauben, dass Gott ausgerechnet ihn segnen und zum Segen gebrauchen wollte. Kinderlos und hochbetagt, wie er mit seiner Frau Sara war, fehlten ihm selbst alle Voraussetzungen zur Verwirklichung der Verheißung Gottes, der ihm versprach, zahlreiche Nachkommen zu haben (1. Mose 15,1-6). Zur Veranschaulichung seiner Zusage ließ Gott ihn hinausgehen und aufblicken, damit Abraham die Sterne des

Himmels zähle; und er wies ihn auf den Sand am Ufer des Meeres hin, um ihm zu zeigen, wie vielfältig er ihn segnen würde (1. Mose 15,5 f.; 22,15-18; Hebräer 11,12).

Dabei sprach Gott von *seinen* Möglichkeiten und nicht von der Kraft und dem Vermögen Abrahams. Gott sagte die Verwirklichung *seines* Willens zu, nicht aber die Förderung eigensinniger Lösungen und eigenmächtiger Pläne eines Menschen. Abraham erhob sein Haupt und begann die Sterne zu zählen; er griff in den Sand und ahnte die Unermesslichkeit und Grenzenlosigkeit der Güte Gottes – und er glaubte ihm!

Wenn wir heute Gottes Verheißungen auf unsere eigenen Möglichkeiten begrenzen und uns vornehmen, sie durch eigene Anstrengung zu verwirklichen, dann stecken wir – im Unterschied zu Abraham – den »Kopf in den Sand« und »greifen nach den Sternen«. Wir fliehen aus Enttäuschung über unsere greifbare Wirklichkeit in die Täuschung des Fernen und für uns Unerreichbaren. Dabei könnten die Sterne uns wie einst Abraham doch daran erinnern, dass wir uns ganz von Gottes Zusage des nur ihm Möglichen her begreifen sollen und seine unermessliche Segensverheißung für uns mutig ergreifen dürfen: »Siehe zum Himmel hinauf und zähle die Sterne; kannst du sie zählen? Und er sprach zu ihm: So zahlreich sollen deine Nachkommen sein!« (1. Mose 15,5; Römer 4,18-25).

Wie viele Sterne hat Gott Abraham damals vor Augen gestellt? Nun, wir können heute in unserem Land wegen Dunst, Umweltverschmutzung und ablenkendem Licht mit bloßem Auge oft nur Dutzende, vielleicht Hunderte Sterne erkennen. Abraham mochte – wie wir es in den Bergen, in der Wüste und an der See manchmal ahnen können – wohl einige Tausend Sterne am Himmel erkennen. Sollen doch bis zu 3 000 Sterne im günstigsten Fall im Blickfeld des menschlichen Auges liegen!

Wenn Gott uns beruft, können wir es uns kaum vorstellen, dass er durch uns Dutzende Menschen segnen wird oder gar durch uns an Hunderten zu deren Segen wirken will. Es erscheint uns – menschlich gesehen – ganz unglaublich. Aber als Gott Sara und Abraham das konkrete Versprechen gab, ihnen den lange ersehnten Sohn zu schenken und durch ihn Segen zu wirken, da waren sie mit 89 bzw. 99 Jahren weit jenseits der Grenze, bis zu der die Hoffnung auf eigene Kinder in irgendeiner Weise realistisch erscheint (1. Mose 17 f.).

So kann Paulus die Beispielhaftigkeit des Glaubens Abrahams in Römer 4 gerade darin sehen, dass er Gott dessen Verheißung glaubte – wörtlich: »auf Hoffnung wider alle Hoffnung«, das heißt »auf Hoffnung, da nichts zu hoffen war« (Römer 4,18). »Denn er zweifelte nicht an der Verheißung Gottes durch Unglauben, sondern wurde stark im Glauben und gab Gott die Ehre und wusste aufs Allergewisseste: Was Gott verheißt, das kann er auch tun« (Römer 4,20 f.).

Gleichwohl ist Gottes Segen immer noch viel größer als unser Glaube. Und sein guter Plan, in den er uns aus Liebe einbezieht, ist unermesslich viel schöner, als unsere kühnste Wahrnehmung und unser stärkstes Vertrauen es ermessen können. Wir mögen Dutzende oder vielleicht Hunderte Sterne sehen und haben schon damit zu tun, Gott ein so segensreiches Wirken durch uns in unserem Unvermögen zuzutrauen. Abraham konnte wohl Tausende Sterne am Himmel ahnen und musste von Gott immer wieder neu an die überschwängliche Zusage erinnert werden.

Aber Abraham hin oder wir her – die Frage ist doch, wie viele Sterne der sah, der die Verheißung gab! Es waren nicht Dutzende oder Hunderte, es waren auch nicht nur Tausende. Es waren nicht einmal nur Millionen von Sternen, wie sie durch unsere besten Teleskopaufnahmen heute erfasst werden. Als Gott Abraham die Verheißung seines Nachkommen gab, in dem er alle Völker segnen wollte, da sah er viele Milliarden von Sternen.

Ob Abraham und Sara oder wir – wie groß der Segen ist, den Gott in Jesus Christus als dem einen Nachkommen Abrahams verwirklicht, können wir heute bei bestem Wissen und klarster Sicht noch gar nicht ermessen. Und selbst für unser eigenes kleines Leben gilt, dass sich sein Segen, den er durch uns in Christus wirkt, als viel umfänglicher herausstellen wird, als wir es jetzt auch nur ahnen können. Gottes Segen wird sich als unermesslich größer erweisen als unser größter Glaube!

»Einmal wird dir vor Augen stehn, wie ich dich geführt, all der Segen, den ich dir gab – hast du ihn gespürt? Sieh die Sterne hoch am Himmel, zähl die Körner dort im Sand! So will ich dich reichlich segnen. Ziehe in mein Land!«

Sieh die Sterne

MEINE LAST IST LEICHT

Wenn du geplagt und müde bist,
will ich dich erquicken.
Komm her zu mir und lade ab,
was dich auch beschwert.

Nimm auf dich und lern von mir,
alles so wie ich zu tragen.
Ruhe findest du bei mir;
meine Last ist leicht.[11]

Mt 11,28-30

Kann eine Last leicht sein? Können Erschöpfte und Beladene
dadurch wieder aufleben, dass sie ein neues »Joch« – das heißt
eine neue Bindung und Verpflichtung – auf sich nehmen?
Was Jesus den Menschen in dem sogenannten »Heilandsruf«
im Matthäusevangelium zuruft, klingt sehr geheimnisvoll –
vielleicht zunächst auch widersprüchlich und rätselhaft –:
»Kommt her zu mir, alle, die ihr mühselig und beladen seid;
ich will euch erquicken. Nehmt auf euch mein Joch und lernt
von mir; denn ich bin sanftmütig und von Herzen demütig;
so werdet ihr Ruhe finden für eure Seelen. Denn mein Joch ist
sanft, und meine Last ist leicht« (Matthäus 11,28-30).

Nicht die Starken und Reichen, nicht die »Weisen und
Klugen« lädt Jesus zu sich und in seine Nachfolge ein, sondern ausgerechnet die »Unmündigen« (Matthäus 11,25) und

45

die vom Leben Geplagten und Ermüdeten. Im Unterschied zu vielen menschlichen Beziehungen ist Gottes Interesse an uns nicht nur an unseren eigenen Qualitäten und Leistungen orientiert, sondern seine Zuneigung gilt uns persönlich. Seine Wertschätzung und Zuwendung müssen wir uns nicht erst durch Wohlverhalten erkaufen und durch Liebenswürdigkeit verdienen – sie gilt uns selbst und an sich. Es hat Gott gefallen, uns seine Liebe von sich aus zu offenbaren, die wir doch von uns aus weder ihn noch sein Wesen kannten oder auch nur erkennen konnten. Denn Gottes Liebe liebt uns nicht, weil und insofern wir wertvoll sind, sondern wir erkennen unseren Wert daran, dass Gott uns liebt.

Hatte Jesus nicht unmittelbar vor seiner Einladung an alle Mühseligen und Beladenen seinen Vater im Himmel für diese voraussetzungslose Liebe und unbedingte Zuwendung freudig gelobt? »Ich preise dich, Vater, Herr des Himmels und der Erde, dass du dies Weisen und Klugen verborgen hast und hast es Unmündigen offenbart. Ja, Vater, denn so hat es dir wohlgefallen« (Matthäus 11,25 f.).

Jesus lädt also nicht nur zu einer neuen Lehre oder Moral ein. Er wirbt nicht bloß für eine neue Weltsicht oder einen neuen Lebensstil. Er beruft und führt Menschen zu der Erkenntnis und Offenbarung seines Vaters und zu der Begegnung und Gemeinschaft mit ihm als dem Sohn, dem der Vater sein großes Anliegen anvertraut hat: »Alles ist mir übergeben von meinem Vater, und niemand kennt den Sohn als nur der Vater; und niemand kennt den Vater als nur der Sohn und wem es der Sohn offenbaren will« (Matthäus 11,27).

»Ausruhen lassen« und »beruhigen«, »erfrischen« und »beleben« kann uns Jesus in seiner Vollmacht also gleich auf eine doppelte Weise. Zunächst werden wir bei ihm all unsere Lasten der Überforderung und Sorgen, der Überarbeitung und Angst los. Er befreit uns von eigener und fremder Schuld, von unversöhnter Vergangenheit wie unerlöster Gegenwart. All diese Lasten dürfen wir bei ihm abladen. All diese lebensmindernden Einschränkungen und Bürden, all diese vereinsamenden Antreiber und Unfreiheiten können wir bei ihm loswerden.

Zugleich und vor allem aber erkennen wir im Licht der Liebe und Barmherzigkeit Gottes, die Jesus verkündigt und verkörpert, dass wir bei Gott auch in unserer Unmündigkeit und Schwachheit, in unserer Begrenztheit und Unzulänglichkeit vollkommen geliebt und vorbehaltlos angenommen werden. Es gibt für uns nichts Befreienderes als die Erkenntnis, dass wir persönlich wertgeschätzt und um unserer selbst willen geliebt werden. Da fallen zugleich unsere alten Lasten von uns ab wie auch die Belastung, ständig etwas tun und leisten zu müssen, um die Zuneigung zu erhalten, ohne die wir nicht »erquickt« leben können. Wir kommen also nicht nur, um etwas abzuladen, sondern vor allem kommen wir *zu ihm*. Die Erleichterung gründet in der Begegnung mit ihm; die Entlastung besteht in der Beziehung zu ihm.

Würden wir gefragt, was uns an Jesus besonders beeindruckt und was wir von ihm gerne lernen wollten, dann fielen uns vielleicht seine Redekunst und Wortgewandtheit ein, seine Kraft zu heilen und seine Stärke gegenüber Gegnern und Dämonen. Womöglich würden wir auch davon träumen, wie er über das Wasser zu gehen und Sturm und Wellen zu gebieten. Ist es da nicht überraschend, dass wir ausgerechnet *das* von Jesus lernen sollen: »sanftmütig und von Herzen demütig« zu sein? Dem himmlischen Vater gegenüber »demütig« und »bescheiden« zu sein bedeutet, ihm gegenüber immer in der

Haltung der Bereitschaft und des Empfangens, der Offenheit und des Angewiesenseins zu leben.

Demütig sein heißt, sich immer von Gott und seiner Größe her zu verstehen und vor Gott mit offenen, empfangenden Händen zu leben. Er ist Gott, und wir sind Menschen; er ist der Schöpfer, wir seine Geschöpfe; er ist unser Vater, und wir sind seine Kinder. Er liebt, erwählt und beruft uns als die, die wir wirklich sind – nicht erst als die, die wir sein sollten oder selbst gerne wären.

Dann ist es aber doch nur sinnvoll, unserem Schöpfer gegenüber wahrhaftig zu sein. Bei ihm können wir von Herzen das sein, was wir wirklich in seinen Augen sind: für seine Liebe, Gnade und Gemeinschaft geschaffene Menschen. Wenn schon Jesus als der einzigartige und ewige Sohn Gottes seinem himmlischen Vater gegenüber nichts anderes als Sohn sein will, wie könnten wir dann etwas anderes oder mehr sein wollen als Gottes geliebte Töchter und Söhne? Er lebte und lebt noch heute ganz und gar aus dem, was der Vater ihm gibt und ihm überträgt – »Alles ist mir übergeben von meinem Vater!« (Matthäus 11,27).

Von Jesus Demut und Bescheidenheit zu lernen bedeutet, sich mit nicht weniger »zu bescheiden« als mit all dem, was Gott uns sein und schenken will. Wie sollten wir uns da noch von uns selbst her verstehen? Wie sollten wir Weisheit, Kraft und Mündigkeit unabhängig von unserem Gott anstreben? Wir können keine größere Klugheit, Stärke und Vollmacht gewinnen als in der Haltung der Demut gegenüber Gott. Um vor Gott demütig zu werden, müssen wir uns nicht erst selbst erniedrigen. Es genügt völlig, zu ihm aufzuschauen, um sich selbst richtig einzuordnen. So ist wahre Demut keine Tugend, die wir an sich und gesondert lernen müssten, sondern eine Frucht der Gotteserkenntnis und der Liebe.

Kann eine Last leicht sein? Können Erschöpfte und Beladene dadurch wieder aufleben, dass sie ein neues »Joch« – das heißt eine neue Bindung und Verpflichtung – auf sich nehmen? So haben wir zu Beginn gefragt und wollten dem Geheimnis der Zusage Jesu – die zunächst so rätselhaft erschien – auf die Spur kommen. Von Jesus können wir in der Tat lernen, in der Beziehung zu unserem himmlischen Vater das zu leben und zu tun, womit wir ohne ihn hoffnungslos überfordert und verzweifelt überlastet wären. Er lädt uns im Auftrag seines liebevollen Vaters »sanftmütig«, »freundlich« und »mild« dazu ein, zu ihm zu kommen, alles abzuladen und bei ihm Ruhe zu finden.

Er ermutigt uns, endlich auf- und anzunehmen, wozu wir geschaffen und befreit worden sind: zur empfangenden und wahrhaftigen Beziehung zu Gott dem Vater, wie sie Jesus selbst als der Sohn auf dieser Erde so gewinnend verkündigt und so anschaulich vorgelebt hat. Wenn die neue Bindung und Beauftragung in der befreienden Beziehung zu dem uns liebevoll einladenden Jesus Christus besteht, dann ist es nicht mehr rätselhaft verborgen, sondern geheimnisvoll offensichtlich, dass sein Joch »sanft« und seine Last »leicht« ist.

PETRUS, SIEH NUR ZU JESUS

Refrain:
Petrus, sieh nur zu Jesus,
schau nicht auf dich selbst,
den Wind und das Meer! (2x)

1. Die Jünger sehen ihren Herrn
im Sturm auf dem Wasser gehen.
Dass Jesus alles möglich ist,
scheinen sie nicht zu verstehn.

2. Doch auch Petrus soll das Unmögliche tun,
Gottes Wirken im eignen Leben sehn.
Im Vertrauen auf Jesus verlässt er das Schiff
und kann auf den Wellen gehen.

3. Aber Petrus vergisst, dass nur Jesus es kann,
und schaut auf den Wind und das Meer.
Er beginnt zu sinken und schreit zu dem Herrn:
»Herr, hilf, denn ich kann es nicht mehr!«

4. So sollen auch wir das Unmögliche tun
im Vertrauen zu unserm Herrn,
der in uns lebt, alles kann und macht;
wenn wir sinken, hilft er uns gern![12]

Mt 14,25-33

LEHRT SIE HALTEN ALLES, WAS ICH EUCH GEBOTEN HABE

Ist es wohl möglich, das zu leben, was Jesus lehrt, und das zu tun, was er seinen Jüngern – zum Beispiel in der Bergpredigt (Matthäus 5–7) – gebietet? Nun, es kommt darauf an! Den Willen Gottes so zu verwirklichen, wie es Jesus fordert, ist dem Menschen so sehr möglich, wie es einem Menschen möglich ist, auf dem Wasser zu gehen.

Du wendest ein, dass dies dem Menschen gerade nicht möglich ist, sondern allein Gott? Dann wird umso verständlicher, warum das Matthäusevangelium von Anfang bis Ende hervorhebt, dass in Jesus Christus Gott selbst gegenwärtig ist und uns treu begleiten will.

»Sie werden ihm den Namen Immanuel geben«, das heißt übersetzt:»Gott mit uns« (Matthäus 1,23). – »Wo zwei oder drei versammelt sind in meinem Namen, da bin ich mitten unter ihnen« (Matthäus 18,20). – »Lehrt sie halten alles, was ich euch geboten habe. Und siehe, ich bin bei euch alle Tage bis an der Welt Ende« (Matthäus 28,20).

SCHWIMMKURS FÜR KLEINGLÄUBIGE

Ein Seewandel auf eigene Initiative und aus eigener Kraft geht ganz schön in die Beine.

Denn ob wir das uns an sich Unmögliche durchstehen oder nicht, hängt weder von der Größe unserer Füße ab noch von der Intensität unserer Bewegungen, sondern allein von der

Vollmacht dessen, auf den wir beim Gehen vertrauensvoll schauen.

Wer dabei nach unten, zur Seite oder auf sich selbst schaut, verliert seinen tragenden Bezugs- und Standpunkt und kommt unweigerlich ins Schwimmen.

Was gegen solche Einbrüche hilft, ist nicht etwa ein Schwimmkurs für Kleingläubige, sondern allein die vertrauensvolle Einsicht in die Standfestigkeit Jesu.

AUF DEM WASSER GEHEN?

Als Historiker kann ich fragen, ob etwas kausal nicht Ableitbares und Analogieloses überhaupt historisch sein kann – und skeptisch mit den Schultern zucken.

Als Pädagoge kann ich mir bewusst machen, dass solch eine Erzählung die Kinder nur auf dumme Gedanken bringt. Bin ich nicht selbst als kleiner Junge – auch ohne die Geschichte von Petrus zu kennen – auf zu dünnem Eis eingebrochen und wäre fast ertrunken?

Als Theologe kommen mir Bedenken, ob das Bild für das Tun des Unmöglichen nicht falsche Hoffnungen weckt und ob die einmal zerstörten Illusionen nicht in noch größere Verzweiflung umschlagen können. Geht es beim Glauben nicht vor allem um die Annahme der menschlichen Schwachheit und um das Akzeptieren der eigenen Grenzen?

Und doch! Was soll ich denn tun, Herr, wenn ich es immer wieder erlebe, dass ich dich beim Wort nehme, das Boot meiner vermeintlichen Sicherheiten verlasse, mich allein von dir her verstehen und zu dir hin unterwegs sein will und dann feststelle – dass das Wasser trägt?

Fürchte dich nicht

FÜRCHTE DICH NICHT

1. Fürchte dich nicht, ich bin bei dir,
schaue dich nicht ängstlich um!
Ich stärke dich, ich helfe dir,
fass deine rechte Hand.

2. Denk nicht an das, was früher war!
Sinne ihm nicht länger nach!
Ich schaffe Neues, jetzt wächst es auf,
erkennst du es denn nicht?

3. Fürchte dich nicht, ich bin bei dir,
ich habe dich befreit!
Bei deinem Namen ruf ich dich;
du bist mein!

4. Wenn du durch tiefe Wasser gehst,
will ich schützend bei dir sein.
Selbst durch Feuer will ich mir dir gehn,
damit nichts dir schaden kann.

5. Weil du für mich so wertvoll bist,
gebe alles ich für dich.
Hab keine Angst, ich bin bei dir,
ich liebe dich![13]

Jes 41,10.13f.; 43,1-4.18f.

Gibt es unter all den Liedern, die in den vielen Jahren entstanden sind, für den Autor und Komponisten selbst ein Lieblingslied? Welches der zahlreichen Lieder hat in besonderer Weise gewirkt und Verbreitung gefunden? Diese und ähnliche Fragen werden immer wieder gestellt – und sind dennoch gar nicht so leicht zu beantworten. Zunächst geht es einem selbst dabei wie Eltern, die gefragt werden, welches ihrer zahlreichen Kinder denn das beste, schönste und liebenswerteste sei. Will man sie in ihrer Verschiedenheit gegeneinander ausspielen? Empfindet man eine persönliche Bevorzugung nicht an sich schon als unangemessen?

Vor allem aber freut man sich selbst in der Regel an *dem* Lied besonders, dessen Melodie sich gerade herausbildet und dessen Text sich nach allem Erwägen, Auswählen und Verbessern allmählich abzeichnet. Die besondere Aufmerksamkeit gilt im kreativen Prozess vor allem dem, was neu entsteht; und die größte Freude besteht in der Erleichterung des schöpferischen Gelingens.

Aber auch wenn wir von den schon länger vollendeten Liedern sprechen, wechselt für den Liederdichter – wie für jeden anderen auch – die Bedeutsamkeit von Text und Melodie je nach der eigenen Lebenssituation und der aktuellen Lebensthematik. So können einzelne Lieder Begleiter, Tröster und Ratgeber für eine bestimmte Phase werden oder sich nach Jahren in einer konkreten Herausforderung plötzlich wie von selbst aus dem Gedächtnis melden, um uns zu ermutigen und uns auf das für uns Wesentliche hinzuweisen. Wie ein Freund, der zur rechten Zeit nach längerer Pause plötzlich wieder da ist und zur Hilfe kommt, haben mich geistliche Lieder – ob aus fremder oder eigener Feder – immer wieder einfühlsam und ermunternd begleitet.

Eines der Lieder, für die das in meinem Leben wie offenbar in dem vieler anderer in besonderer Weise und vielfältig gilt, ist gewiss das vorliegende: »Fürchte dich nicht, ich bin bei dir!« Das erklärt sich einerseits schon daraus, dass die, die das Lied aktuell hören oder selbst singen, mit dem Text persönlich und unmittelbar angesprochen werden. Der direkte Zuspruch und das unmittelbare »Zusingen« von Trost, Wertschätzung und Ermutigung erreichen uns verständlicherweise ganz unmittelbar und berühren unser Herz unwillkürlich. Hier »verdichten« sich geistliche Einsichten, eigene Betroffenheit und unsere – bereits wahrgenommenen oder noch zurückgedrängten – Gefühle so überwältigend, wie es der Musik und speziell der geistlichen Musik eigen ist. Wo werden Kopf, Bauch und Herz sonst noch so ganzheitlich und vielfältig angesprochen wie in der Harmonie von Musik und geistlichem Text?

Das Geheimnis der Wirkung dieses Liedes liegt aber vor allem darin, dass die Worte des Zuspruchs nicht von irgendeinem – noch so wohlmeinenden – Menschen formuliert werden, sondern sich ganz unmittelbar an den Verheißungen und Zusagen Gottes selbst ausrichten, wie sie in dem »Trostbuch von der Erlösung Israels« Jesaja 40–55 durch den Propheten bezeugt worden sind: »Tröstet, tröstet mein Volk!, spricht euer Gott. Redet mit Jerusalem freundlich und predigt ihr, dass ihre Knechtschaft ein Ende hat, dass ihre Schuld vergeben ist ...« (Jesaja 40,1 f.).

Auch als Menschen versuchen wir, uns untereinander zu trösten und uns gegenseitig Mut zu machen. Aber ein »Alles wird gut!« oder »Kopf hoch, es wird schon wieder werden!« zeugt oft mehr von unserer eigenen Sprach- und Hilflosigkeit, als dass es den Witwen und Waisen, den Kranken und Niedergeschlagenen Zuversicht vermitteln könnte. Auch die freund-

lichsten menschlichen Wünsche und sprachlich geschliffens-
ten Liedtexte können das Herz der wirklich Trostbedürftigen
und Mutlosen kaum heilen. Sie fragen nicht nach Rezepten,
sondern nach Berührung. Sie brauchen keine Worte, sondern
Wirklichkeit. Sie dürsten nicht nach Sprüchen, sondern nach
Lebensfülle. Sie wollen nicht ihren Verlust erklärt bekommen,
sondern ihre Lebensbeziehungen wiedergewinnen. So können
alle menschlichen Trostversuche niemals die gleiche heilsame
Wirkung haben wie die Zusagen dessen, der allein die Macht
und Möglichkeit hat, Gebundene zu befreien, Schuld zu vergeben, Zukunft zu schenken und wirklich Neues hervorzubrin-
gen. Wer könnte so trösten wie der, der alles aus dem Nichts
zu erschaffen vermag, der selbst Tote auferwecken kann und
alles für die gibt, die er liebt?!

Nun ragen die hier anklingenden Heilsworte aus Jesaja
41,10.13 f.; 43,1-4.18 f. auch innerhalb der biblischen Überlieferung besonders und einzigartig heraus. Zunächst gilt dies
für die Situation der Angeredeten, die durch Vertreibung und
Verlust, Verschleppung und Fremdbestimmung gekennzeichnet ist. Hier braucht der Prophet nicht mehr zu warnen und
zu mahnen. Die Angesprochenen befinden sich schon längst
in dem Gericht und Schaden, die vorangegangene Propheten
so leidenschaftlich abwenden wollten.

Sie haben alles verloren und sind wie eine verwelkte Blume
und wie verdorrtes Gras (Jesaja 40,6-8). Sie sehen keine Zukunft mehr, und ihre Gegenwart besteht nur noch aus der verlorenen Vergangenheit. Wenn Gott sich diesem Volk nochmals
zuwendet und erneut zu ihm spricht, ist dies an sich schon ein
unverhoffter Neuanfang und eine unverdiente Zuwendung. Es
ist wie der Einbruch der Ewigkeit mitten hinein in Vergänglichkeit und Leid, in Einsamkeit und Verzweiflung: »Das Gras

verdorrt, die Blume verwelkt, aber das Wort unseres Gottes bleibt ewiglich« (Jesaja 40,8).

Dieses Geheimnis des Neubeginns und der neuen Schöpfung, dieser Erlösung jenseits der Vergänglichkeit und Verzweiflung kommt in dem »Trostbuch« Jesaja 40 bis 43 auch im formalen Sinn zur Geltung. Denn hier wird nicht nur theoretisch von den Voraussetzungen eines Neuanfangs gesprochen. Es geht auch nicht mehr um die Frage eigener Schuld und verfehlter Möglichkeiten. Vielmehr spricht Gott mit den Worten des Propheten ganz direkt zu Israel, seinem Volk, und dies in der persönlichsten Anrede des »Du«. »Fürchte dich nicht, ich bin mit dir!« ist die einmalige Form der Heilszusage Gottes an einen konkreten Menschen, der Gott sein Leid klagt und bei ihm Zuflucht und Hilfe sucht. Gott selbst spricht sich dem Verzweifelten zu, er tröstet ihn nicht mit menschlichen Worten, sondern mit dem Zuspruch seiner Gegenwart und Begleitung. Diese alles wendende Zusage der Erhörung durch Gott kennen wir sonst aus den Psalmen oder aus der bewegenden Darstellung der Erhörung Hannas, der Mutter des Samuel, in 1. Samuel 1 und 2.

Doch liegt in dieser persönlichen Hinwendung Gottes – in den Worten von Jesaja 40–43 wie denen des vorliegenden Liedes – auch zugleich das größte Problem für die heutige Anwendung. Wie kommen wir dazu, Gottes Worte an Israel auf uns zu beziehen und seinen ganz persönlichen Zuspruch an einen von ihm erwählten konkreten Menschen für uns gelten zu lassen? Ist dies nicht gerade das Hauptproblem von Niedergeschlagenen und Hoffnungslosen, dass sie die Lebensperspektiven und Beziehungsmöglichkeiten vielleicht noch für andere sehen, aber eben gerade nicht mehr auf sich selbst beziehen können? Es mag wohl für andere gelten, nicht jedoch für die eigene Situation. Wenn es anderen besser geht, macht das die persönliche Last des Leides nicht leichter, sondern umso schwerer.

Für viele Christen erscheint es selbstverständlich, dass sie die Israel gegebene Heilige Schrift – unser Altes Testament – als Teil ihrer eigenen, zu ihnen sprechenden Bibel verstehen. Dabei gründet unsere Zugehörigkeit zum Volk Gottes allein darin, dass der Gott Israels in seine Segensverheißung nicht nur die leiblichen Nachkommen Abrahams eingeschlossen hat, sondern von Anfang an auch »alle Völker«, die durch den »Nachkommen Abrahams« ebenfalls gesegnet werden sollen: »Durch deinen Nachkommen sollen alle Heidenvölker der Erde gesegnet werden« (1. Mose 22,18; Galater 3,8-16).

Darin besteht gerade das Evangelium, das heißt die »gute Nachricht« und »erfreuliche Botschaft«, dass Gott auch uns in Jesus Christus – dem *einen* und *einzigartigen* »Nachkommen Abrahams« – erwählt, berufen und gesegnet hat. Ungeachtet unserer Vergangenheit und Herkunft will er uns befreien und erlösen. Einzig aufgrund seiner Liebe und Gnade will er vergeben und heilen. Allein im Glauben und Vertrauen auf ihn will er uns neu erschaffen und in Zeit und Ewigkeit mit ihm zusammen leben lassen (Galater 3,6–4,7). Wie wertvoll eine jede und ein jeder von uns für diesen Gott ist, erkennen wir daran, dass er für uns nicht nur etwas oder viel, sondern sich selbst in seinem Sohn gegeben hat (Römer 5,8; 8,31 f.; Galater 2,20; 4,4 f.; Epheser 2,4 ff.; vgl. Jesaja 43,4).

Die Besonderheit und der ganze Trost des Liedes liegen also allein darin, dass Gott in der Sendung seines Sohnes seine Liebe zu Israel und den Völkern, zu dieser ganzen Welt und zu jedem einzelnen Menschen bewiesen und zugesprochen hat. Dies gilt nicht nur allgemein, sondern als konkreter Zuspruch und in der persönlichsten Form der direkten Anrede mit »Du«: »Fürchte dich nicht, ich bin bei dir, ich habe dich befreit! Bei deinem Namen ruf ich dich; du bist mein! – Wenn du durch tiefe Wasser gehst, will ich schützend bei dir sein. Selbst durch Feuer will ich mir dir gehn, damit nichts dir schaden kann. – Weil du für mich so wertvoll bist, gebe alles ich für dich. Hab keine Angst, ich bin bei dir, ich liebe dich!«

HEB DEINE AUGEN AUF

Refrain:
Heb deine Augen zu dem auf,
der deine Hilfe ist,
der dich behütet,
wo immer du bist.

1. Aus der Tiefe schau
aufwärts zu den Bergen.

2. Deine Hilfe kommt
von dem Herrn der Himmel.

3. Dein Fuß stehe fest,
dein Behüter schläft nicht.

4. Weder Tag noch Nacht
mögen dir mehr schaden.

5. Er behüte dich
wohl vor allem Übel.

6. Gehst du, kommst du, stets
soll er dich beschützen.[14]

Ps 121

Zumindest im Urlaub ist es uns allen möglich, die Faszination der Berge zu erleben. Wir mögen dann all diejenigen beneiden, die alltäglich mit der Aussicht auf ein beeindruckendes Bergpanorama leben dürfen. Dabei sind wir angesichts dieser eindrücklichen Gebirge nicht nur von der unglaublichen Größe und Schönheit der Schöpfung Gottes begeistert – obwohl dies wohl schon Grund genug wäre, die Aussicht auf die Berge oder von den Bergen zu suchen.

Zugleich erfahren wir den überwältigenden Anblick auch als eine befreiende Relativierung all der Sorgen und Nöte, die ansonsten unsere Aufmerksamkeit beanspruchen wollen. Konzentrieren wir uns auf unsere Probleme, dann kommen sie uns unüberwindlich groß vor. Blicken wir aber auf und sehen vor uns die Erhabenheit der von Gott geschaffenen Werke, dann kommen uns sowohl unsere Sorgen als auch wir selbst daneben verhältnismäßig klein vor. Die Erhabenheit dessen, was wir sehen, verwandelt unwillkürlich die Maßstäbe für das, was wir als groß und bedeutsam empfinden.

In der biblischen Überlieferung ist diese Bedeutung und Wirkung dadurch nochmals gesteigert, dass Berge immer wieder als Orte der Gottesbegegnung und -offenbarung erlebt werden. Auf dem »Berg Gottes« – das heißt dem Sinai bzw. dem Horeb – erscheint Gott Mose (2. Mose 19 ff.) und Elia (1. Könige 19) und tut ihnen seinen Willen kund. Auf dem Zion als dem von Gott erwählten »heiligen Berg« (Psalm 15,1; 48,2; 99,9) steht später der Tempel als der Ort, an dem Israel das »Angesicht Gottes« – das heißt seine Gegenwart und Zuwendung – suchen soll. Hier dürfen sie zu ihm beten und vor ihm klagen, ihn bitten und ihn loben. In regelmäßiger Wallfahrt oder aus einem persönlichen Anlass kommen die Israeliten hinauf nach Jerusalem und auf den Berg Zion, um vor Gott zu treten. In der singenden, betenden und feiernden Gemeinschaft der anderen Gläubigen dürfen sie sich der Zusagen und der Gnade ihres treuen Gottes vergewissern.

Der unserem Lied zugrunde liegende Psalm 121 wird als ein solches »Wallfahrtslied« gekennzeichnet. »Ich hebe meine Augen auf zu den Bergen. Woher kommt mir Hilfe?« (Psalm 121,1), fragt der zu dem Berg Gottes aufsteigende Psalmsänger. Während andere verzagen oder ihre Hilfe vielleicht bei irgendwelchen heidnischen »Berggottheiten« suchen mögen, antwortet er selbst mit seinem freudigen und gewissen Bekenntnis: »Meine Hilfe kommt vom Herrn, von Jahwe, der Himmel und Erde gemacht hat« (Psalm 121,2).

Angesichts der Schönheit und Eindrücklichkeit der Schöpfung fasst der Beter als Geschöpf also Vertrauen in die Größe und Stärke, die Güte und Treue seines Schöpfers, der Himmel und Erde erschaffen hat. Sollte der, der seine Macht und Barmherzigkeit so überwältigend in der Schöpfung bewiesen hat, nicht auch seinem nach ihm rufenden Geschöpf zur Hilfe kommen?

Nun kennen wir eine Fülle von Psalmen, in denen der Ausdruck des Vertrauens zu Gott einen so breiten Raum einnimmt, dass wir sie namentlich als »Vertrauenslieder« bezeichnen (zum Beispiel Psalm 4; 11; 16; 23; 62; 63; 131). Was in unserem Psalm aber besonders auffällt und was in unserem Lied nochmals verstärkt wird, ist der ausführliche und ausdrückliche Zuspruch des Segens, den der Beter offensichtlich von jemandem persönlich und in direkter Anrede empfängt (Psalm 121,3-8).

Dieser Segenswunsch und diese Bewahrung durch Gott soll dem direkt Angesprochenen (»deiner«, »dir«, »dich«) immer gelten, »ob er geht oder kommt«, ob er aus dem Hause Gottes in den Alltag zurückkehrt oder ob er – erwartungsvoll, Hilfe suchend oder dankbar – die Nähe Gottes und die Gemeinschaft der anderen im Hause Gottes sucht: »Der Herr behüte deinen Ausgang und Eingang von nun an bis in Ewigkeit!« (Psalm 121,8).

Insofern brauchen wir uns auch gar nicht zu entscheiden, ob der Psalm als ein Segenszuspruch zur *Begrüßung* auf dem Berge Gottes verstanden werden will oder als ein *Entlass-Segen* für den in die Niederungen der profanen Welt Hinabsteigenden. In jedem Fall und an jedem Ort und zu jeder Zeit möge der Gott, der weder »schläft noch schlummert«, den so Gesegneten vor allem Übel behüten und beschützen – vor den Gefahren des Tages wie denen der Nacht, bei Licht und bei Finsternis, bei Sonne wie bei Mond (Psalm 121,6). In dieser Zuversicht geborgen, kann der Gesegnete im bergenden Schatten seines Beschützers sicheren Fußes und festen Schrittes seinen Weg wagen: »Er wird deinen Fuß nicht gleiten lassen, und der dich behütet, schläft nicht!« (Psalm 121,3).

Manchmal mögen wir Mose und die Propheten oder die Israeliten zur Zeit des Tempels in Jerusalem darum beneiden, dass sie um einen konkreten »Berg Gottes« wussten, zu dem sie aus der Tiefe ihrer Anfechtung hinaufsteigen konnten, einen »heiligen Berg«, auf dem sie nach Gottes Angesicht in ihrer Not Ausschau halten sollten. Allerdings erkannten die ersten Christen nach Jesu Kreuzigung und Auferstehung und nochmals verstärkt nach der kriegerischen Zerstörung des Tempels im Jahre 70 n. Chr. etwas noch Überwältigenderes: Der höchste »Berg Gottes« ist weder der Sinai noch der Tempelberg in Jerusalem, es ist der Hügel, auf dem der Sohn Gottes zu unserer Rettung und zu unserem Schutz am Kreuz sein eigenes Leben gab.

Als der »heiligste Berg« hat sich ausgerechnet der kopfförmige kleine Hügel bei Jerusalem erwiesen, der doch als Hinrichtungsort so profan und schändlich wie nur irgend denkbar erschien. So groß war Gottes Liebe, dass er von seiner Höhe so tief zu uns hinabstieg auf den so niedrigen Hügel Golgatha – »Schädelstätte« – und ihn so zum höchsten aller Gottesberge machte. Jesus Christus wurde in seiner Lebenshingabe für uns – »in seinem Blut« – von Gott öffentlich und für alle sichtbar als sein wahrer »Gnadenthron« und als »Sühne-« und »Versöhnungsort« für sein Volk bestimmt. Der für uns am Kreuz gestorbene Sohn Gottes ist der einmalige Mittelpunkt der Gottesbegegnung und der Heiligkeit im Innersten der Wohnung Gottes (Römer 3,25; vgl. 2. Mose 25,22).

Nirgends auf der Welt ist Gott so gegenwärtig wie am Kreuz seines für uns aus Liebe leidenden Sohnes. Von diesem »Thron Gottes« aus setzt er seine Herrschaft der Gerechtigkeit, des Friedens und der Liebe durch (2. Samuel 6,2). Hier ist der höchste Gottesberg und das wahre Allerheiligste im Tempel, hier ist der Ort der Vergebung und Neuschöpfung. In der Person des gekreuzigten und auferstandenen Christus ist der letzte Zufluchtsort für die Angefochtenen und Belasteten, für alle, die aus der Tiefe in ihrem Leid nach Gottes Trost und Hilfe von oben Ausschau halten.

Diese verbindliche Zusage des Behütens gilt nicht nur für einen bestimmten Berg, sondern überall und an jedem Ort, ob wir kommen oder gehen, bei unserem Ausgang wie bei unserem Eingang. Dieser persönliche Segenszuspruch bewahrheitet sich nicht nur bei Festzeiten und auf Höhenwegen, sondern bei Tag und bei Nacht, bei Sonne und bei Mond und auf allen unseren Wegen. Gottes Segen, Behüten und Geleiten ist uns in Jesus Christus gewiss – »von nun an bis in Ewigkeit!« (Psalm 121,8).

Deshalb: »Heb deine Augen zu dem auf, der deine Hilfe ist, der dich behütet, wo immer du bist!«

Heb deine Augen auf

LOBT DEN HERRN

Refrain:
Lobt den Herren in seiner Herrlichkeit!
Ja, und preist seinen Namen in alle Ewigkeit!

1. Wo ist ein Gott wie du,
der Sünden vergibt,
der die Schuld seines Volkes
für immer vergisst?

2. Der Herr ist mein Licht, mein Heil,
vor wem sollt' ich mich fürchten?
Ja, der Herr ist meines Lebens Kraft;
vor wem sollte mir grauen?[15]

Ps 27,1; 30,5 f.12; 117,1 f.; 150,2; Mi 7,18-20

Wie entstehen eigentlich Lieder? In welchen Situationen werden sie geschrieben? Bildet sich zuerst der Text heraus und dann die Melodie, oder wird zuerst die Melodie komponiert und im Anschluss der Text gedichtet? Werden sie von Einzelnen oder von Gruppen komponiert? Diese Fragen werden im Blick auf aktuell verfasste Lieder immer wieder formuliert; sie stellen sich aber auch schon im Hinblick auf die zahlreichen Psalmen, Hymnen und Lieder, die wir in der Bibel finden.[16]

Um in der Gegenwart zu beginnen: In der Regel sind es bei mir selbst zuerst die Melodien, die sich beim spielerischen Anschlagen und Zupfen der Gitarre oder bisweilen des Klaviers aus einzelnen Tonfolgen herausbilden und beim wiederholten Spielen und Summen zu Melodien für Refrains und Strophen verfestigen. Vereinzelt kann auch zunächst ein Gedicht entstehen, bei dessen wiederholtem Vortragen sich allmählich eine Melodie einstellt.

Auch wenn manch einer vielleicht die romantische Vorstellung hat, dass Lieder – speziell »Volkslieder« – beim gemeinsamen Singen in Gruppen entstehen, wurden die meisten Hymnen, Psalmen und Lieder wohl zunächst von Einzelnen verfasst oder ihr Text von dem einen gedichtet und ihre Melodie von einem anderen vertont. Freilich gibt es auch Beispiele dafür, dass das kreative Zusammenwirken und Wechselspiel von mehreren Personen zur Entstehung eines Liedes führt.

Ein solches Beispiel ist unter unseren Liedern »Lobt den Herren in seiner Herrlichkeit!«, das bei einer Vorbereitungsprobe unseres Musikteams entstand. Während unserer Studienzeit waren wir als Team an vielen Wochenenden und während der Semesterferien unterwegs, um mit Offenen Abenden, Gottesdiensten, Studienwochen und Freizeiten Jugendliche und junge Erwachsene zum Glauben einzuladen und sie darin zu fördern. Da wir aus verschiedenen Orten zu den Veranstaltungen zusammenkamen, fanden die Instrumental- und Gesangsproben meist in den knapp bemessenen Zwischenzeiten an den Samstagen statt.

An einem solchen Samstagvormittag übten wir in einem Probenraum in Süddeutschland, bis wir – erschöpft von Studienwoche, Veranstaltungen und langem Proben – nicht mehr recht weiterkamen und lustlos wurden. Aber bevor wir unsere Gitarren weglegten, spielten Wilfried Krüger und ich noch ein paar Takte im gemeinsamen Rhythmus und improvisierten, bis sich die Melodie von Refrain und Strophe herausbildete. Wilfrieds jüngerer Bruder Helmut schlug – ebenfalls wieder zu neuem Leben erwacht – den Bass dazu, und der Raum wurde von der Melodie erfüllt, die später in zahlreichen Jungendräumen, Kirchen und Hallen vielfach und lautstark erklingen sollte.

Der zum Loben und Preisen Gottes einladende Text des Refrains und der zweiten Strophe lehnt sich erkennbar an die Vertrauenslieder und Hymnen der alttestamentlichen Psalmen an. So formuliert der allerkürzeste uns überlieferte Psalm: »Lobet den Herrn, alle Heiden! Preiset ihn, alle Völker! Denn seine Gnade waltet über uns in Ewigkeit. Halleluja!« (Psalm 117,1 f.). Und der letzte Psalm der biblischen Sammlung, der als das »große Halleluja« durchgängig zum Lob Gottes aufruft, formuliert: »Lobet ihn für seine Taten, lobet ihn in seiner Herrlichkeit!« (Psalm 150,2). Angesichts zeitweiliger Krisen, Zweifel und Anfechtungen, aber zugleich auch lebenslanger Erfahrung von Gottes gnädiger Zuwendung lädt der Psalmbeter in Psalm 30,5 dankbar und von Gottes Hilfe überwältigt ein: »Lobsinget dem Herrn, ihr seine Heiligen, und preiset seinen heiligen Namen!«

Die Wende von Verzagtheit und Traurigkeit hin zu Freude und Lebensmut mag wie in Psalm 30 durch die äußere Erfahrung von Hilfe und Errettung ausgelöst sein: »Den Abend lang währet das Weinen, aber des Morgens ist Freude … Du hast mir meine Klage verwandelt in einen Reigen, du hast mir den Sack der Trauer ausgezogen und mich mit Freude gegürtet, dass ich dir lobsinge und nicht stille werde, Herr, mein Gott, ich will dir danken in Ewigkeit« (Psalm 30,6.12). Oft genug aber ist es in den biblischen Texten – wie in unserem kleinen und harmlosen eigenen Beispiel – nicht die äußere Situation, die das Lied hervorbringt, sondern die Besinnung auf Gott und seine Güte, die die eigene Lage in einem ganz neuen Licht erscheinen lässt.

Grund zum Loben haben wir schon allein aufgrund der Erfahrung der Treue und Barmherzigkeit Gottes, selbst wenn wir ansonsten eher durch äußere Umstände ermüdet oder durch innere Spannungen verunsichert sind. »Wo ist ein Gott wie du, der Sünden vergibt, der die Schuld seines Volkes für immer vergisst?« Mit den Worten aus Micha 7,18-20 erinnert die erste Strophe des Liedes an Gottes einzigartiges und vergebungsbereites Wesen. Ist der nicht des Lobens wert, der in seiner Barmherzigkeit alle unsere Sünden unwiederbringlich »in die Tiefen des Meeres werfen« will (Micha 7,19)?

Mit Psalm 27 und dem Wortlaut der zweiten Strophe unseres Liedes müssen wir also nicht darauf warten, dass es uns äußerlich oder stimmungsmäßig gut geht, um Gottes Güte zu loben. Wir können uns vielmehr darauf besinnen, was wir in Gott und seiner Gemeinschaft verlässlich und stets haben – und das ganz ungeachtet momentaner Eindrücke und Erfahrungen. Wir können uns im Danken und Loben unsererseits Gott zuwenden und auf diese Weise »sein Antlitz suchen« – um festzustellen, dass er selbst uns die ganze Zeit voll Liebe und Annahme zugewandt ist und uns keineswegs verlassen hat (Psalm 27,8). Wer Gott lobt, der findet in ihm nicht nur die erbetenen Gaben, sondern den Geber aller guten Gaben selbst: »Der Herr ist mein Licht und mein Heil; vor wem sollte ich mich fürchten? Der Herr ist meines Lebens Kraft; vor wem sollte mir grauen?« (Psalm 27,1).

Wie Lieder eigentlich entstehen, haben wir zu Beginn gefragt. Nun, Loblieder entstehen nicht nur, wenn es uns gut geht; sondern wir erkennen, wie gut es uns in Wahrheit geht, wenn wir uns im Loben Gottes vergegenwärtigen, was wir in ihm und durch seine Gegenwart und Zuwendung bereits haben.

JEDER SCHRITT SEI DEIN, HERR

Refrain:
Jeder Schritt sei dein, Herr!
Jedes Wort sei dein, Herr!
Jeder Gedanke sei dein, Herr!
Herr Jesus, leb durch mich.

1. Du bist mein Leben,
das mich ganz erfüllt,
ich will nicht ohne dich sein.
An jedem Ort und zu jeder Zeit
bin und bleibe ich dein.

2. Du bist die Sonne,
die mich scheinen lässt,
du bist das Licht, das erhellt.
So wie beim Mond in der Dunkelheit
strahlt dein Licht in die Welt.

3. In meiner Schwachheit
bist du meine Kraft,
bist Trost und Freude im Leid.
Durch deine Liebe hast du mich erlöst
und zur Liebe befreit.[17]

GIBT ES EIN ZUVIEL AN GLAUBEN?

Jeder Schritt, jedes Wort, jeder Gedanke – gibt es nicht auch ein Zuviel an Glauben? Brauchen wir nicht auch manchmal eine Pause von unserer Frömmigkeit und ein Privatleben außerhalb unseres Christseins? Wenn wir den Glauben als eigene Leistung verstehen, dann mögen wir uns nach Freiräumen sehnen. Wenn wir unser Christsein als Pflichterfüllung empfinden, dann werden wir uns auch Auszeiten von der Anstrengung wünschen. Wer aber einmal erkannt hat, dass Gott uns nicht nur *etwas* Leben gibt, sondern in seiner Zuwendung selbst erfüllendes Leben ist, der möchte ihn noch intensiver erleben. Wer erfährt, dass Jesus Christus uns nicht nur unseren eigenen Weg zum Licht weist, sondern in Person das Licht der Welt ist und unser Leben hell macht, der möchte ihn nie mehr aus den Augen verlieren. Denn Jesus Christus verkörpert nicht nur die *Forderung* nach mehr Liebe, sondern deren unbegrenzte *Verwirklichung* und *Ermöglichung*.

Wir bitten in unseren Gebeten oft um mehr Kraft und Leben – ob als Lebenserfahrung, Lebenserfüllung oder Lebensentfaltung. Dabei ist Christus selbst doch in Person unser Leben. In ihm – das heißt in der Beziehung zu ihm – haben wir am Leben selbst teil. Wir bitten ihn um mehr Licht, Klarheit und Erleuchtung. Dabei ist er doch die Sonne selbst, die für jeden und für alle Situationen verschwenderisch strahlt.

Wir brauchen nicht mehr Licht und Helligkeit, sondern eher die Erkenntnis, was uns in Christus schon lange gezeigt und gegeben ist. Wir benötigen nicht weitere Offenbarungen, sondern nur das eigene Erkennen und Anerkennen dessen, was uns schon seit zweitausend Jahren offenbart ist. Mehr Licht

72

als mit dem Kommen Christi kann uns gar nicht mehr aufgehen. Aber wir selbst können zunehmend sehen und verstärkt wahrnehmen, sobald uns die Augen für das Offensichtliche geöffnet werden.

Gibt es dann ein Zuviel für den, der Jesus Christus selbst als sein Leben und sein Licht, als seine Liebe und seine Kraft erkennen und erleben darf? Wem wäre sein eigenes Leben je zu erfüllend gewesen? Wer hätte sich jemals nach dem Ende seiner Lebensfreude gesehnt? Kann man sich wirklich eine Unterbrechung seines Lebensglücks wünschen? Im Gegenteil! Je befriedigender unsere Lebenserfahrung und unsere Lebensfreude sind, desto intensiver wollen wir zukünftig leben. Je erfüllender wir unsere Lebensentfaltung erfahren, desto entschiedener wollen wir uns fortan auf das Wesentliche konzentrieren – an jedem Ort und zu jeder Zeit, bei jedem Schritt, jedem Wort und jedem Gedanken!

DU BIST DIE SONNE – EBENBILD UND ABBILD

Woran liegt es, dass viele die begeisterten Aussagen des Evangeliums in der Bibel und in den geistlichen Hymnen und Liedern wohl theoretisch nachvollziehen, aber nicht mit ihrer bisherigen Glaubenserfahrung verbinden können? Wie kann es sein, dass so viele ihren eigenen Glauben eher als Anstrengung und Überforderung erfahren anstatt als Lebenserfüllung und Lebensentfaltung?

Der eigene Mangel an Konsequenz und gutem Willen kann dafür nicht der einzige Grund sein. Sind es doch oft die ernsthaftesten und entschiedensten Christen, die an dem Widerspruch zwischen dem geglaubten Evangelium und ihrem gelebten Leben leiden. Häufig liegt es wohl eher an einem grundsätzlichen Missverstehen dessen, was eigentlich von uns als Christen erwartet wird und wozu wir als Menschen bestimmt sind.

Wir sind als Menschen dazu geschaffen, Ebenbild Gottes zu sein, wie es schon der Schöpfungsbericht bezeugt: »Gott schuf den Menschen zu seinem Bilde, zum Bilde Gottes schuf er ihn« (1. Mose 1,27). Aber was ist genau mit dieser Ebenbildlichkeit gemeint? An eine äußere Ähnlichkeit oder Nachbildung kann wohl kaum gedacht sein, da Gott nicht wie ein Mensch vorgestellt wird oder abgebildet werden soll (2. Mose 20,4). Eher könnte man bei der Ebenbildlichkeit gemäß dem Schöpfungsbericht daran denken, dass der Mensch den Auftrag erhält, im Namen Gottes über die Erde und die übrigen Geschöpfe in Fürsorge und Verantwortung zu herrschen. Dann bezöge sich die Ebenbildlichkeit auf die Verantwortung, gemäß dem Auftrag Gottes und für ihn auf dieser Erde zu leben. Aber auch damit bleibt die Frage noch offen, wie dieses stellvertretende Handeln des Menschen als Bild und Gegenüber Gottes genau zu verstehen und auszuleben ist.

Während wir in der deutschen Sprache von den Begriffen »Bild«, »Ebenbild« und »Abbild« an sich noch keine klare Vorstellung ableiten können, hilft uns die griechische Sprache weiter, in der die ersten Christen ihre »Heilige Schrift« gelesen haben und die neutestamentlichen Bücher ursprünglich geschrieben wurden. Vom griechischen Sprachgebrauch und Denken her könnte man den biblischen Begriff »Ebenbild« – *eikōn* – etwa so bestimmen: Das Ebenbild ist der *sichtbare Ausdruck einer unsichtbaren Kraft,* die *erkennbare Verkörperung eines unsichtbaren Wesens.* Das Ebenbild ist das *wahrnehmbare Spiegelbild eines an sich verborgenen Urbildes.* In dieser Weise

74

wird das Urbild durch das Ebenbild *repräsentiert* – das heißt, es ist *in ihm offenbar und sichtbar, gegenwärtig und wirksam.* So wird Jesus Christus in 2. Korinther 4,4.6 und Kolosser 1,15 als Gottes Ebenbild – griech. *eikōn* – bezeichnet, weil wir in seinem Angesicht das Wesen und die Herrlichkeit Gottes, seines Vaters, erkennen können. In ihm als dem vollkommenen Ebenbild ist der an sich unsichtbare Gott für uns sichtbar und offensichtlich wirksam: »Er ist das Ebenbild des unsichtbaren Gottes« (Kolosser 1,15). Durch seine Menschwerdung und sein irdisches Leben hat der Sohn Gottes das Wesen seines himmlischen Vaters offenbar gemacht. Durch seine Zuwendung und Hingabe bis zum eigenen Tod hat er die Liebe und Güte Gottes für uns verkörpert. Er hat in allem, was er lebte, verkündigte und tat, das Wesen Gottes, seines Vaters, so widergespiegelt, dass es für uns greifbar, erkennbar und erfahrbar wurde (2. Korinther 4,6).

Damit konnten die ersten Christen von Jesus Christus bekennen, was Israel zuvor nur von Gottes eigenem »Wort« und seiner eigenen »Weisheit« zu sagen wagte – denn sie erkannten in Christus als dem Sohn Gottes die Weisheit Gottes in Person (1. Korinther 1,30) und das menschgewordene Wort Gottes (Johannes 1,1-18).[18] Wer ihn sah, der sah zugleich den Vater; und wer ihn hörte, der hörte in Wahrheit Gottes Wort (Johannes 5,19 f.30; 12,44-50; 14,7-11).

Wenn nun auch wir als an Christus Glaubende das Wesen und die Herrlichkeit Gottes für andere Menschen sichtbar machen sollen (2. Korinther 3,18; 4,6), wie wir sie bei Christus gesehen und erkannt haben, liegt alles daran, dass wir unsere Bestimmung zur Ebenbildlichkeit richtig verstehen. Als Ebenbilder sind wir selbst nicht die Quelle, sondern der Strahl; wir sind nicht das Licht, sondern der Widerschein. Denn das

Geheimnis eines Ebenbildes liegt nicht in seiner eigenen Kraft und Energie, sondern in dem Wesen seines Urbildes, auf das es bezogen ist und an dem es teilhat.

DER MOND IST AUFGEGANGEN – UND MIR MIT IHM EIN LICHT

Worin der entscheidende Unterschied zwischen einem richtig verstandenen Ebenbild und einer falsch verstandenen Abbildlichkeit und Nachahmung besteht, bekommen wir jedes Mal anschaulich vor Augen gestellt, wenn uns der volle Mond in der Nacht bei klarem Himmel leuchtet. Obwohl er selbst keine Lichtquelle ist und keine Energie zum eigenen Leuchten hat, strahlt er für uns das Licht der Sonne auch mitten in der Nacht zurück. Das Geheimnis seiner Faszination liegt nicht in seinem eigenen Vermögen; seine Wirkung beruht allein darin, dass er das in der Nacht für uns an sich unsichtbare Licht der Sonne auffängt und zurückstrahlt. Er lässt uns an dem teilhaben, was er selbst empfängt. So sehen wir in Wahrheit eigentlich nicht den Mond, sondern die Sonne im Angesicht des Mondes strahlen; und was uns am Ebenbild fasziniert, ist der Widerschein des Urbildes.

Der Mond ist als Ebenbild also ohne Einschränkung und Vorbehalt auf die Sonne bezogen und steht nicht etwa in einem Konkurrenzverhältnis zu seinem Urbild. Er braucht es weder zu imitieren noch mit ihm zu rivalisieren. Er würde es nicht einmal wahrnehmen, dass er selbst strahlt, weil er ganz in dem alles überblendenden Licht der Sonne steht, von der er seine Ausstrahlung bezieht.

Wir sollen also nicht als Abbilder eine eigene Herrlichkeit vorspiegeln, sondern Gottes Herrlichkeit als Ebenbilder unverhüllt und offen widerspiegeln. Wir brauchen nicht kraft unserer eigenen Energie zu strahlen, sondern wir dürfen uns von Gottes Licht uneingeschränkt und unverdeckt bestrahlen lassen. Denn seine herrliche Liebe können wir gewiss nicht von uns aus produzieren, aber wir dürfen sie als von ihm Geliebte reflektieren: »Du bist die Sonne, die mich scheinen lässt, du bist das Licht, das erhellt. So wie beim Mond in der Dunkelheit strahlt dein Licht in die Welt.«

Von Christus können wir lernen, wie viel wir gewinnen, wenn wir an Gott als dem Leben und der Liebe *partizipieren* – das heißt, an seiner Gemeinschaft teilhaben und seiner Gaben teilhaftig werden. Und von Adam können wir lernen, wie viel wir verlieren und verpassen, wenn wir als Geschöpfe mit unserem Schöpfer *rivalisieren* – das heißt, ohne ihn und unabhängig von ihm werden wollen, was wir doch in ihm und mit ihm bereits sind (1. Mose 3,1-24). Von uns wird also nicht erwartet, dass wir uns aus eigener Fähigkeit zum Abbild Jesu Christi ausbilden, sondern dass wir endlich werden, was wir schon seit der Schöpfung sein sollten und was Jesus Christus allezeit und offensichtlich ist, nämlich Gottes Ebenbild – an jedem Ort und zu jeder Zeit, bei jedem Schritt, bei jedem Wort und bei jedem Gedanken!

Herr, ich liebe dich

HERR, ICH LIEBE DICH

Herr, ich liebe dich,
über alles dich.
Was auch immer kommen mag,
du hältst und leitest mich.
Mit dir will ich gehn,
zu dir will ich stehn.
Denn in deiner Gegenwart
kann ich den Himmel sehn.[19]

5. Mose 6,4 f.; 7,9; Ps 18,2 f.; 116,1 f.;
Mk 12,28-34; Röm 8,28; 1. Petr 1,8

VON GANZEM HERZEN

Es gibt keinen Ersatz für die Liebe. Zwar lässt sie sich immer
nur an ihren Ausdrucksformen erkennen; das heißt aber nicht,
dass man durch die Einübung der Ausdrucksformen die feh-
lende Liebe ausgleichen könnte.

Was die Liebe vom Geliebten will, ist nicht ein bestimm-
tes Verhalten, sondern dessen Liebe. Wer liebt, möchte nicht
etwas vom anderen – auch nicht *viel* vom anderen –, sondern
ihn selbst. Der Geliebte könnte seine ganze Zeit, sein ganzes
Geld, ja sein ganzes Leben für den anderen einsetzen – würde
es nicht aus Liebe geschehen, dann wäre es nicht das, was der
Liebende sich ersehnt.

Die Liebe ist erst da am Ziel, wo sie als Antwort die gleiche
Liebe findet. Sie ist völlig voraussetzungslos und bedingungs-

los, aber sie will folgenreich sein. Sie nimmt keinen Anstoß an den Grenzen und Schwachheiten des anderen und bejaht ihn, wie er ist – aber sie leidet daran, wenn sie selbst durch die Verweigerung des anderen begrenzt und an ihrer Entwicklung gehindert wird. Denn nichts will die Liebe mehr, als sich beim anderen und für den anderen zu entfalten.

So ist sie auch gerne bereit, das Versagen und die Schuld des Geliebten zu vergeben, wenn nur die wechselseitige Offenheit und uneingeschränkte Zuwendung wiederhergestellt werden. Mehr als am Versagen des anderen leidet die Liebe nämlich an den Formen verdeckter Abwendung und Verschlossenheit – auch wenn sie noch so höflich und korrekt erscheinen. Viel lieber als eine aufgesetzte Stärke und Freundlichkeit erträgt die Liebe die Schwachheit und Unzulänglichkeit des anderen. Denn sie ist wirklich und ausschließlich am anderen selbst und nicht nur an Teilen seiner Person interessiert.

Wenn es aber so ist, dass es dem Liebenden allein um den anderen geht und er keinen Ersatz für die Liebe des Geliebten kennt, dann kann es auch nur eines sein, was Gott in seiner grenzenlosen Liebe vor allem anderen von uns will – nämlich, dass wir »ihn lieb haben von ganzem Herzen, von ganzer Seele und mit aller unserer Kraft« (5. Mose 6,4 f.; Markus 12,28-34).

DU, DIR, DICH!

Du, den ich so sehr brauche,
aber den ich nie missbrauchen will!
Du, der du für mich notwendig bist,
aber doch viel mehr als nur die Not
in meinem Leben wendest!
Du, ohne den ich nicht sein kann
und mit dem ich nun immer sein darf!

Dir möchte ich mich völlig zuwenden,
um ohne jeden Vorbehalt offen
und ungeschützt vor dir zu stehen.
Dir will ich nicht nur viel oder alles,
sondern mich selbst schenken –
der du mich so vorbehaltlos
angenommen und beschenkt hast.
Dir gehöre ich zu und wünsche,
niemandem anders mehr zu gehören.

Dich will ich erkennen und verstehen,
so wie du mich von Anfang an geliebt
und – besser als ich selbst – verstanden hast.
Dich möchte ich stets vor Augen haben
und in mein ganzes Leben einbeziehen.
Dich, sage ich – auch wenn ich noch oft
inkonsequent und schwach sein werde –,
dich, Christus, brauche ich nicht nur,
dich liebe ich!

VATER, LASS MICH ALLEZEIT

Vater lass mich allezeit
und für alles dankbar sein,
denn ich will deinem Plan
nicht im Wege stehn.
Auch wenn ich es nicht versteh,
keinen Sinn dabei seh,
bringt mich doch alles näher zu dir.

Darum bin ich getrost
selbst in Schwachheit und Angst,
in Misshandlungen, Not und Gefahr.
Deine Gnade reicht aus,
deine Kraft wohnt in mir,
und wenn immer ich schwach bin,
bin ich stark.[20]

2. Kor 12,9 ff.; Eph 5,20; 1. Thess 5,18

VATER, LASS MICH ALLEZEIT
UND FÜR ALLES DANKBAR SEIN!

»Seid reichlich dankbar; seid überfließend von Dank!« – so
werden wir in Kolosser 2,7 ermuntert. Macht Reichtum
dankbar oder Dankbarkeit reich? Wir wissen, dass Reichtum
nicht automatisch dankbar macht; aber Dankbarkeit macht
jedenfalls reich. Denn das Erleben von Glück ist nicht nur

eine Frage des Schicksals, und Zufriedenheit ist nicht nur ein Ergebnis der äußeren Erfahrung. Der Dankbare ist der Beschenkte; und wer sich von dem her versteht, was er Gutes erfahren hat, der ist reich. So brauchen wir nicht auf den Überfluss zu warten, um überfließend dankbar zu sein, sondern wir können unser Glück zunehmend erkennen, indem wir reichlich dankbar werden.

Ich erinnere mich an ein Gespräch mit einem engagierten Christen, der darüber klagte, dass er mit Gott in seinem Glauben kaum Erfahrungen mache. Er komme in Verlegenheit, anderen den Glauben glaubwürdig zu bezeugen, wenn er selbst so wenig damit im Alltag erlebe. Ich erkundigte mich eingehend nach seiner familiären, beruflichen, gesundheitlichen und persönlichen Situation, um ermessen zu können, welche Not und Ausweglosigkeit ihn wohl plagten. Aber so viel ich auch fragte, kamen weder schwere Krankheiten noch äußere Not noch familiäre Verwerfungen zutage. Schließlich konnte ich nicht anders, als zu fragen: »Und du sagst, dass du mit Gott in deinem Leben nichts erfährst?«

Wie vieles in unserem Leben verstehen wir als selbstverständlich und wissen es dann gar nicht wirklich wertzuschätzen – unser Wohlergehen und unsere Freiheit, all die wertvollen Beziehungen und Entfaltungsmöglichkeiten?! Gottes Gnade haben wir seit unserer Geburt fortwährend und täglich erfahren, sonst gäbe es uns gar nicht. Seltsamerweise werden wir uns unseres Reichtums oft erst dann bewusst, wenn wir loslassen müssen, was unser Glück begründet, und verlieren, was unser Leben bisher erfüllt hat.

Zudem machen wir die größten Erfahrungen mit Gott vielleicht bei den Dingen, die wir gar nicht mitbekommen – weil sie uns erspart bleiben. Die Gefahren und Krankheiten, vor denen wir bewahrt wurden, und das Leid, von dem er uns errettet und geheilt hat, blenden wir in unserer Wahrnehmung in der Regel ganz aus. Dankbarkeit ist die Kunst, dieses Bewusstsein des Bewahrt- und Begleitetseins einzuüben, diese zufriedene Geborgenheit und Freude der Beschenkten immer mehr zu erlernen.

Es ist das Geheimnis der Dankbarkeit, dass sie unser Leben zusätzlich bereichert. Denn der Dankbare wird gleich mehrfach beschenkt – wenn er das Geschenk erhält und wann immer er daran in Dankbarkeit denkt. Was könnte uns mehr aufwerten und beglücken als die bleibende Einsicht in unser Beschenktsein! Zudem erfreut die Dankbarkeit sowohl Schenkende wie Beschenkte. Erstere erkennen, dass ihr Geschenk angekommen ist, und Letztere, dass sie reich beschenkt sind.

»Vater, lass mich allezeit und für alles dankbar sein!« – Die Formulierung dieser Bitte nimmt die Ermutigung von Epheser 5,20 auf: »Sagt Dank Gott, dem Vater, allezeit für alles, im Namen unseres Herrn Jesus Christus!« Wer es lernt, seinem himmlischen Vater für all die Gaben seiner Schöpfung und für all die Geschenke seiner Erlösung und Bewahrung zu danken, in dem wird zunehmend das Vertrauen in dessen Liebe und Treue geweckt. Die Erfahrung der Gnade Gottes im eigenen Leben, aber noch grundlegender in all dem, was er uns durch »unseren Herrn Jesus Christus« geschenkt hat und geben will, lässt in uns das Zutrauen zu seiner Zuverlässigkeit wachsen.

Als Dankbare üben wir es ein, Gottes Güte und Weisheit im Blick zu behalten – auch für die Situationen, in denen wir selbst aus unserer Perspektive davon kaum noch etwas zu erkennen meinen. Wenn es uns gut geht, glauben wir Gottes Liebe ganz unmittelbar zu erfahren. Aber es gibt auch Zeiten, in denen wir die Spur des Segens und die Güte Gottes nicht mehr so ungebrochen an unserem eigenen Lebensweg ablesen können.

Wenn wir loslassen müssen, was uns als Geschenk Gottes so wichtig wurde, steht unser Glaube vor einer ganz neuen Herausforderung. Wenn uns plötzlich genommen wird, was uns den Geber aller Gaben so lieb gemacht hat, dann müssen wir das Vertrauen zu unserem himmlischen Vater auf eine ganz neue Weise einüben.

Können wir ihm auch dann noch vertrauen, wenn wir selbst keinen Sinn in unserem Schicksal sehen? Glauben wir auch dann noch an seinen guten Plan für unser Leben, wenn wir seine Führung oder sein Nichteingreifen nicht verstehen können? Was uns dann allein tragen kann, ist der Zuspruch Gottes, den er uns durch Jesus Christus in seinem Wort endgültig und verbindlich gegeben hat. Dann bedeutet es uns alles, dass wir uns »im Namen unseres Herrn Jesus Christus« dankbar an seinen und unseren Vater wenden können. Dankbar sind wir nicht etwa für das Leid und für die Not als solche, aber dafür, dass wir ihm selbst jetzt und trotz allem vertrauen dürfen, dass er es gut mit uns meint und uns nicht im Stich lässt.

Es ist leicht einzusehen, dass uns Gottes verständliches Handeln und sein offensichtliches Geben ihm näher bringen kann. Wie viel schwerer ist es, ihm zu glauben, dass er uns in den Zeiten des Leidens noch näher ist und seine Liebe uns umso mehr gilt, wenn wir ihn weder hören noch verstehen können.

DEINE GNADE REICHT AUS

Manchmal haben die kürzesten Gebete die langfristigsten Folgen und die kleinsten Lieder die größte Bedeutung. Der Chorus »Vater, lass mich allezeit und für alles dankbar sein« hat eine so fröhliche und zuversichtliche Melodie, dass einem die geistliche Wahrheit und der Tiefgang der biblischen Aussagen, die man so leicht dahersingt, wohl erst allmählich bewusst werden.

In der Heiterkeit der Noten kommt die erwartungsvolle Freude eines noch jungen, ungebrochenen Glaubens zum Ausdruck. Zugleich spiegelt sie aber auch die leiderfahrene Zuversicht und Gelassenheit eines Menschen, der die vertrauensvolle Dankbarkeit in Stärke und Schwäche, in Erfolg und Verlust, in Bestätigung und Anfechtung zu bewähren hatte.

»Darum bin ich getrost selbst in Schwachheit und Angst, in Misshandlungen, Not und Gefahr...« Der hier spricht, ist der Apostel Paulus selbst (2. Korinther 12,9 ff.). Wie wir heute wissen, steht er, während er das schreibt, auf dem Höhepunkt seiner geistlichen Wirksamkeit. Die Briefe, die er in diesem Jahrzehnt seines Lebens verfassen soll, werden Teil der »Heiligen Schrift« werden und Grundlage der Verkündigung des Evangeliums von Jesus Christus. Durch sie spricht der gekreuzigte und auferstandene Herr, mit dem Paulus damals im Gebet gerungen hat, uns heute noch direkt an und weckt in uns den Glauben, der sich an seiner Gnade genügen lässt.

Aber dies alles ist Paulus selbst bei der in 2. Korinther 12,9 ff. vorausgesetzten Situation in keiner Weise bewusst. Wie groß der Plan Gottes mit ihm ist, dem er nicht im Wege stehen will, hätte er auch in seiner kühnsten Dankbarkeit zu seinen Lebzeiten nicht ermessen können.

Ihn bestimmt vielmehr eine belastende Erfahrung – die ihn beeinträchtigt wie ein »Dorn«, ein »Stachel im Fleisch«. Als Paulus seinen Herrn nachdrücklich darum bittet, ihn von dieser schmerzhaften – wohl gesundheitlichen – Einschränkung zu befreien, erhält er von ihm eine so überraschende wie entlastende Antwort, die noch ermutigender ist, als wir sie von der geläufigen Übersetzung her im Bewusstsein haben.

Wörtlich sagt Jesus Christus zu seinem Apostel nicht nur: »Lass dir an meiner Gnade genügen!«, als ginge es vor allem um das gebotene Selbstbescheiden des Bittenden. Vielmehr spricht Christus ihm verbindlich und vergewissernd zu: »Meine Gnade reicht für dich aus, denn meine Kraft kommt in der Schwachheit zur Vollendung und zum Ziel!«

Nicht etwa mit seiner Schwachheit soll sich Paulus begnügen, sondern mit der überfließenden Gnade, die ihn in all seiner Schwachheit wie ein Strom kraftvoll umgibt. Nicht seine Schattenseiten soll er annehmen, sondern die strahlende Zuwendung Gottes, die ihn samt seinem Schatten erhellt und umschließt. Nicht seine Grenzen an sich soll er akzeptieren, sondern die unbegrenzte Liebe Christi, die gerade da gilt, wo er sie nicht versteht.

Paulus selbst folgert: »So will ich mich nun sehr gerne umso mehr meiner Schwachheit ›rühmen‹, damit die Kraft Christi bei mir wohne. Deshalb bin ich zufrieden und bejahe meine Schwachheiten …; denn wenn ich schwach bin, dann bin ich stark« (2. Korinther 12,9 f.).

Für die Liebe Christi – wie für jede echte Liebe – ist nicht die Schwachheit des Menschen an sich eine Einschränkung, sondern nur die Verleugnung des eigenen Angewiesenseins. Für die Gnade ist nicht die Bedürftigkeit des Gegenübers ein Problem, sondern erst deren Bestreitung. Mag den Geliebten auch eine eigene Schwachheit wie ein »Dorn im Fleisch« schmerzen, so wird er doch nicht nur trotz, sondern mit all seinen Schwachheiten geliebt.

Die unbedingte Liebe Jesu Christi gilt nicht nur den Stärken und Leistungen des Menschen, sondern ihm selbst mit all seinen Schwächen und Fähigkeiten. Nicht einmal die Schuld muss der Gnade im Wege stehen, denn die Gnade ist bereit zu vergeben und zu versöhnen. Hinderlich kann nur die Weigerung sein, das Geschenk der Vergebung und das Angewiesensein auf Gnade anzunehmen.

Wir erwarten von unserem Glauben, dass er wächst und uns stark werden lässt. Dabei liegt die Stärke des Glaubens gerade darin, dass er uns zunehmend mit unserer eigenen Schwachheit versöhnt und uns die Kraft unseres Herrn und die Größe seiner Liebe überwältigend vor Augen stellt.

Paulus lernt, dass es in seiner Beziehung zu Christus nicht um die eigene Stärke und Leistung, sondern um Christi Kraft in ihm geht. Er erkennt, dass Christus nicht nur durch seine Fähigkeiten und Gaben, sondern durch *ihn* in seinem Angewiesensein auf Gnade wirken will. Er erfährt eine ganz neue Stärke, die nirgends eindeutiger zu greifen ist als in seiner Schwachheit: »Deine Gnade reicht aus, deine Kraft wohnt in mir, und wenn immer ich schwach bin, bin ich stark.«

Vater, lass mich allezeit

WHEN I GET THE BLUES

1. When I get the blues today,
I bow my head and start to pray,
and the answer that I see
is Your love to me.

Refrain: Hallelu-, Halleluja …

2. I am sometimes down and out,
then I cry, to You I shout,
knowing that You'll wipe away
all my tears one day.

3. Jesus Christ, please come again!
We are ready to meet You then,
we will praise You and we'll see –
from all burdens free.[21]

ICH HABE DEN BLUES

»Wenn mich heute Traurigkeit und Trübsinn befallen, dann neige ich meinen Kopf und beginne zu beten; und die Antwort, die ich sehe, ist deine Liebe zu mir.« – Bei einigen meiner Lieder bleibt mir die von Interessierten so oft erfragte, persönliche Entstehenssituation wohl für immer unvergesslich. Das trifft in jedem Fall auf diesen »Blues« zu, der der Gattung entsprechend in englischer Sprache entstanden ist. Diese Musikform bringt – wie der Name schon sagt – die Stimmung der Traurigkeit und Resignation, der Einsamkeit und Melancholie in der persönlichen Ich-Form zum Ausdruck. Freilich muss sie weder in der trüben Stimmung und im Selbstmitleid verharren, noch muss sie sich – allemal im Zusammenhang geistlicher Lieder – in der Hoffnungslosigkeit verlieren. Hier kann der Weg gerade von der Ausweglosigkeit und Klage über die Vertrauensäußerung und Bitte hin zu Zuversicht und Aufblicken führen.

Anlass und Voraussetzung dieses Liedes »When I Get the Blues Today« war aber in der Tat das Erlebnis von Traurigkeit, Enttäuschung und Mutlosigkeit. Allerdings waren es in meinem Fall weder Diskriminierung noch Einsamkeit, weder Hunger noch finanzielle Not, sondern eine Situation, die die ursprünglichen Bluessänger wohl als ein »Luxusproblem« empfunden hätten. Es war ein Tag in der langwierigen und mühseligen Phase der Fertigstellung meiner Doktorarbeit im Anschluss an mein Studium. Nun bezeichnet die Wendung »den Doktor machen« schon sprichwörtlich ein umständliches und endloses Bemühen. Im Fach Theologie und an unserer Tübinger Fakultät gelten die Promotionsvorhaben aber zudem noch als besonders umfänglich und aufwendig. Das ist zwar schön und gut, wenn man das Ziel dann irgendwann einmal erreicht hat, es kann aber in dem mehrjährigen Prozess des Forschens, Ausarbeitens und Schreibens zwischenzeitlich auch sehr kräftezehrend und entmutigend wirken.

Noch sehr gut erinnere ich mich an diesen einen der wiederkehrenden Tage, an denen ich von der pausenlosen Arbeit ermüdet und von dem sich immer weiter ausweitenden Aufgabenfeld entmutigt war. Ernüchtert und traurig griff ich nach meiner Gitarre – die aus gutem Grunde damals wie heute in Griffnähe zu meinem Schreibtisch stand – und begann zu

91

spielen und zu improvisieren. Als sich die Melodie durch wiederholtes Spielen und Summen herausbildete, suchte ich auch schon nach Worten, die an die traditionell geprägte Wendung »I've got the blues« anknüpften. Da sich der Refrain musikalisch an den Strophen orientierte und textlich den wiederholten »Halleluja«-Ruf der Psalmsänger aufgriff, entstand das Lied – im Unterschied zu dem anliegenden Abschnitt meiner Doktorarbeit – überraschend schnell und wohltuend zügig. Zugegebenermaßen kam ich an diesem Tag mit meiner wissenschaftlichen Arbeit nicht mehr wirklich weiter. Aber wenn ich an all die traurig-mutlosen Gesichter denke, die sich später beim gemeinsamen Singen des Liedes zunehmend erhellten bis hin zum Strahlen der getrösteten Augen und zum lauten Einstimmen in das Gotteslob der Erlösten, dann hat sich die Verlängerung meiner Promotionsphase um einen halben Tag wohl doch gelohnt.

WIE EINEN SEINE MUTTER TRÖSTET

Was uns in den Erfahrungen des mühseligen Alltags, der eigenen Begrenztheit und des Leidens an der Unzulänglichkeit wirklich hilft, ist in Wahrheit weder das Absinken in den Weltschmerz noch die Flucht in irgendwelche den Schmerz betäubende Ersatzbefriedigungen. Was uns sowohl tröstet wie neu ermutigt, ist vielmehr die Besinnung auf das für uns Wesentliche und unser Leben Tragende. Dazu gehören wertschätzende Beziehungen und uns bestärkende Gemeinschaftserfahrungen. Für uns als Gläubige ist dies – vor allem anderen und in allem anderen – die Beziehung, die Gott zu uns in seiner Liebe aufgenommen hat und treu aufrechterhält. Dies gilt trotz all unseres Versagens und unserer Unzulänglichkeit. Je vielfältiger und zahlloser unsere Fragen werden, desto mehr schätzen wir die Eindeutigkeit seiner Antwort – seine Liebe: »And the answer that I see is Your love to me.«

»Manchmal bin ich völlig erledigt und am Ende. Dann weine ich und rufe laut nach dir und zu dir. Denn ich weiß, dass du eines Tages all meine Tränen abwischen wirst.« – Gibt es eine tröstlichere Vorstellung als die, dass Gott in seiner Liebe alle unsere Tränen sieht und sie sogar zählt (Psalm 56,9)? Er selbst will unsere Tränen von unseren Augen abwischen, wie es Jesaja (25,8) und die Offenbarung des Johannes (7,17; 21,4) zusagen. Darin spiegelt sich die so beruhigende wie ermutigende Gewissheit wider, dass der allmächtige und ewige Gott uns so zärtlich und einfühlsam trösten will, »wie einen seine Mutter tröstet« (Jesaja 63,13). Bei ihm können wir – wie einst David – Geborgenheit, Befriedigung und Sicherheit gewinnen »wie ein gerade gestilltes kleines Kind bei seiner Mutter« (Psalm 131,2).

Vor allem in der Empfindung der Einsamkeit und Verlassenheit – wenn wir »down and out« sind – ist die Zusage der unumstößlichen Zuneigung Gottes von ganz tragender und ausschlaggebender Bedeutung. So wird in Jesaja 49,15 zur Veranschaulichung der Treue Gottes auch ausdrücklich auf die unbedingte Liebe einer Mutter zu ihrem eigenen kleinen Kind verwiesen, das sie unter keinen Umständen im Stich lassen würde – noch weniger will Gott je seine Töchter und Söhne vergessen.

»Jesus Christus, komm bitte wieder! Wir sind bereit, dich zu treffen und dich zu empfangen. Dann werden wir dich loben und dann werden wir sehen – frei von allen Belastungen.« – Es mag wohl sein, dass schon das Klagen und das

Singen selbst einem Traurigen und Niedergeschlagenen Linderung und Entlastung bringen. Dies gilt umso mehr, wenn der »Blues« nicht nur einsam und allein gesungen wird, sondern zusammen mit anderen und in der Gemeinschaft der Mitbetroffenen.

Ob als Blues, Gospel oder Spiritual, ob als Choral, Hymne oder Gemeindelied – die Wirkung von geistlicher Musik lebt aber noch von etwas ganz anderem. Sie beschränkt sich in ihrer Perspektive nicht nur auf die erlittene Wirklichkeit, sondern öffnet den Blick für eine Realität, die die momentane Empfindung und die eigene Erfahrung noch weit überragt. Der singende Glaube hat nicht nur, was er sieht, im Blick, sondern vor allem das, was er noch nicht sieht. Geistliche Lieder nehmen die eigene Stimmung und Erfahrung ganz bestimmt wahr, aber sie begrenzen die bestimmende Wahrheit nicht auf die eigenen Gefühle.

Für die Glaubenden läuft die Geschichte und das eigene Leben nicht nur ab, sondern vor allem *an*. Das Entscheidende kommt noch! Das Beste liegt noch vor ihnen! Die umfassende Erlösung von allem Leid und die endgültige Befreiung von allen Belastungen werden mit dem Wiederkommen des sehnsüchtig erwarteten Herrn verbunden. Im gegenwärtigen Loben und Preisen dieses Herrn nehmen die auf ihn Hoffenden die endgültige Erfüllung und Freude bereits mitten in ihrem Leiden und in ihrer Traurigkeit vorweg. Denn wer schon gegenwärtig seinen Tröster und Erlöser im Himmel preisen kann, der erkennt bereits auf der Erde, wie befreiend und beglückend die gewisse Zukunft Gottes mit uns hier und jetzt wirken kann. Deshalb noch einmal: »Hallelu-, Halleluja!«

When I get the blues

BLEIBE BEI UNS,
DENN ES WIRD NACHT

Refrain:
Bleibe bei uns, denn es wird Nacht;
du hast uns wieder Hoffnung gemacht.
Lass uns erkennen und verstehen
dich, mit dem wir nun gemeinsam gehen.

1. Mutlos und traurig blieben wir stehn,
konnten nicht fassen, was uns geschehn.

2. All unsre Hoffnung, all unser Glück
waren zerschlagen, nichts blieb zurück.

3. Dir zu begegnen, bei dir zu sein
ist unser Wunsch – wir laden dich ein.

4. Herr, durch dein Leben leben wir;
weil du uns liebst, gehören wir dir.

5. Wird es dann Abend, schwindet das Licht,
gehe nicht fort, verlasse uns nicht.[22]

Lk 24,13-35

Seit jeher wirken *die* Berichte von den Erscheinungen des Auferstandenen besonders faszinierend, in denen die Zeugen ihren eigenen Herrn zunächst gar nicht wiedererkennen, obwohl er ihnen persönlich erscheint. So klagt Maria von Magdala am leeren Grab einem Mann unter Tränen ihr Leid, obwohl der Vermisste und Betrauerte doch lebendig neben ihr steht, ohne dass sie ihn als solchen wahrnimmt (Johannes 20,14 ff.). Die fischenden Jünger am See Genezareth lassen sich nach einer Nacht der Enttäuschung auf den Rat des am Strand stehenden Jesus ein, ohne zunächst seine wahre Identität zu erkennen (Johannes 21,1-14). Die eine kommt durch die unmittelbare Ansprache »Maria!« zur Erkenntnis (Johannes 20,15 f.), die anderen, während sie die Anweisung des Auferstandenen befolgen – »Es ist der Herr!« (Johannes 21,6 f.).

Die Erscheinung Jesu vor den zwei nach Emmaus wandernden Jüngern (Lukas 24,13-35) übertrifft aber alle anderen in Bezug auf die Dauer des Nichterkennens und auf die Ausführlichkeit des Gesprächs Jesu mit seinen verzweifelten und traurigen Nachfolgern. »Mutlos und traurig blieben wir stehen, konnten nicht fassen, was uns geschehn. All unsre Hoffnung, all unser Glück waren zerschlagen, nichts blieb zurück.« Obwohl Jesus selbst sich ihnen anschließt und mit ihnen geht, erkennen sie ihn nicht (24,15 f.). Obgleich er sie ausdrücklich anspricht und fragt, meinen sie, ihn über sich selbst und sein Schicksal belehren zu müssen. Der Auferstandene muss ihnen am Abend erst die Augen öffnen, damit sie ihn wirklich erkennen und verstehen (24,31), obwohl die Realität seiner Auferstehung doch eigentlich die ganze Zeit offensichtlich ist.

Was uns bei diesen »Wiedererkennungs-Erzählungen« anspricht, ist nicht etwa nur die Freude darüber, dass wir uns als Leser der Erzählung zunächst klüger fühlen können als die

»Helden« der Geschichte – wir wissen schon um Jesu wahre Identität, lange bevor Maria und die Jünger ihn erkennen. Besonders herausfordernd ist vielmehr die Erkenntnis, dass wir als Gläubige und als Gemeinde immer wieder dieselbe Erfahrung machen, dass unsere inneren Augen die Wahrheit nicht wahrnehmen. Von unserer Trauer und Ratlosigkeit so bestimmt und abgelenkt, verlieren wir das Offensichtliche und grundsätzlich als wahr Anerkannte aus den Augen. Unser Herz vergisst über alles Leiden an der gefühlten und erfahrenen *Wirklichkeit* immer wieder die eigentliche und bleibende *Realität*, von deren Wahrheit und Gewissheit wir doch theoretisch wissen.

Im Gebet klagen wir unserem Herrn unsere Verlassenheit und Einsamkeit, während schon die Tatsache, dass wir ihn anrufen und mit seinem Zuhören rechnen, eigentlich unsere Beschwerde widerlegt. Wir leiden wie die ersten Jünger an dem Verlust unserer Träume und der Zerschlagung unserer Vorstellungen, während die wahre Erfüllung der kühnsten Träume uns begegnet und uns fragt, warum wir weinen und verzweifelt argumentieren. Wir versuchen dem Leben das Leben zu erklären, und der Wahrheit wollen wir weismachen, dass sie widerlegt sei (Lukas 24,18 ff.). Wir sehnen uns wie Maria nach unserer Vergangenheit und sind bereit, den verstorbenen Jesus aus eigener Kraft durch die Welt zu tragen (Johannes 20,15). Wie die Emmausjünger meinen wir, es besser zu wissen als unser auferstandener Herr; und wir schämen uns nicht, mit dem für uns aus Liebe am Kreuz gestorbenen Christus über unsere Messiaserwartungen zu streiten.

Aber wer einmal von seinem lebendigen Herrn beim Namen gerufen wurde und wer von Christus selbst die Augen für die Wahrheit der Schrift und für das Evangelium geöffnet bekommt, der mag ihn nicht mehr verlieren und nicht mehr ohne ihn sein. In den Worten des Auferstandenen liegt der tiefe Sinn gegen alle Befürchtungen des Wahnsinns. Mit seiner Stimme und Zuwendung wird die Liebe des himmlischen Vaters wieder greifbar. Seine Gewissheit und Zuversicht lassen die Hoffnung in uns erneut entflammen und unsere Herzen brennen (Lukas 24,32). So formulieren die Jünger die eine Bitte, auf die der gegenwärtige Jesus Christus bei ihnen wie bei uns wartet und die er lieber als alle gegenstandslosen Beschwerden hört – und von Herzen gerne erhört –: »Bleibe bei uns, denn es will Abend werden, und der Tag hat sich geneigt!« (Lukas 24,29).

Wie viele Menschen haben in ihrer Angst und Verzweiflung schon mit diesen Worten bei ihrem Herrn Zuflucht gesucht und Geborgenheit gefunden? Am Ende eines Tages mit all seinen Lasten und Freuden, Enttäuschungen und Erfolgen beten und singen wir diese Zeilen vertrauensvoll und auf die verschiedensten Weisen. Wenn das orientierende Licht abnimmt und die Nacht der Sorge und der Ungewissheit in einer Lebenssituation droht, mögen auch wir diese eindringlichen Worte unter Tränen und in Angst vor dem Bevorstehenden ausrufen.

Am Ende eines Lebens, wenn der letzte Abend und der Abschied von dieser irdischen Existenz herannahen, vertrauen wir mit dieser Bitte uns und unser Leben dem an, der auch den Weg unseres Sterbens schon für uns vorangegangen ist und den Tod für uns überwunden hat. Wenn er nur bei uns ist, mögen unsere Augen noch gehalten sein und unser Herz besorgt, aber in Wahrheit und in Wirklichkeit hat mit ihm unser neuer Tag schon begonnen. Es mag Menschen zeitweilig gelingen, uns unseren Herrn wegzunehmen (Lukas 24,20 f.;

Johannes 20,13.15). Es wird ihnen aber nicht gelingen, uns unser*em* Herrn wegzunehmen! Wir mögen uns noch einsam fühlen, aber wir können nicht mehr allein sein! Wir mögen unsere berührende Erfahrung wieder loslassen müssen (Johannes 20,17) und unser überwältigendes Gefühl des Sehens mag uns wieder verlassen (Lukas 24,31), aber unser lebendiger Herr verlässt uns nicht. Wir mögen wohl noch *sterben*, aber wir können durch den, der für uns gestorben und auferstanden ist, niemals mehr *tot* sein.»Herr, durch dein Leben leben wir; weil du uns liebst, gehören wir dir. Wird es dann Abend, schwindet das Licht, gehe nicht fort, verlasse uns nicht.«

BLEIBE BEI UNS, DENN ES WILL ABEND WERDEN

Bleibe bei uns, denn es will Abend werden.
Bleibe bei uns, der Tag hat sich geneigt.

Kehr bei uns ein und öffne unsre Augen;
rede mit uns, damit die Sorge schweigt.

Wenn wir dich sehen, brennen unsere Herzen.
Welch eine Liebe hast du uns gezeigt.[23]

Lk 24,13-35

HERR, WENN ES STIMMT

1. Herr, wenn es stimmt,
dass der Sünde ich abgestorben,
brauche ich nicht selbst zu kämpfen
und versagen.
Herr, wenn es stimmt,
dass ich mit dir auferstanden,
dann bist du jetzt selbst mein Leben,
meine Kraft.

2. Herr, wenn es stimmt,
dass du nichts von mir erwartest,
weil du weißt, dass ich ohne dich
nichts tun kann;
Herr, wenn es stimmt,
dass du nur darauf gewartet,
dass ich alles das erkenne,
dann fang an!

3. Herr, weil es stimmt,
dass du alles schon getan hast,
möchte ich dich nun erleben
jeden Tag.
Dich will ich lieben,
dir will ich vertrauen,
denn du liebst mich, wie ich selbst
es nicht vermag.[24]

Röm 6,1-11; 7,4-6; 8,9-11; Gal 2,19-20

Kann man über einen Text aus dem Römerbrief ein Lied schreiben? Lassen sich die anspruchsvollen Gedankengänge und tiefgründigen Argumente des Apostels Paulus vertonen? Manchmal ist es besser, wenn man alle möglichen Anfragen und Einwände zu Beginn eines Unternehmens noch nicht kennt. Sonst würde man vielleicht zu früh verzagen und von dem Versuch gleich ablassen.

Das Lied »Herr, wenn es stimmt« kommt mit einer einfachen Melodie daher und ist sprachlich schlicht gestaltet. Dennoch hat es Menschen in bestimmten Situationen ihres Lebens im besonderen Maße angesprochen. Dies geschah gewiss nicht wegen des künstlerischen Anspruchs, sondern allein wegen der tiefen geistlichen Wahrheit, die sich in dem aufgenommenen Paulustext widerspiegelt.

In Römer 6,1-14 entfaltet Paulus die Voraussetzungen der Menschen, die an Jesus Christus glauben und auf seinen Namen getauft worden sind. Er beschreibt, wie das Leben der allein aus Gnade im Glauben Gerechtfertigten sich schon hier und jetzt in dieser Welt entwickeln will: »Dies wissen wir: Unser alter Mensch ist mit Christus gekreuzigt worden, damit der Leib der Sünde aufhöre, sodass wir nicht mehr der Sünde dienen. Denn wer gestorben ist, der ist von der Sünde frei geworden. Wenn wir aber gestorben sind mit Christus, so werden wir – wie wir glauben – auch mit ihm leben … Somit betrachtet auch ihr euch als solche, die für die Sünde tot sind, aber lebendig für Gott in Christus Jesus« (Römer 6,6-8.11).

Wie viele Christen haben schon nach bestem Wissen und Gewissen versucht, ein neues Leben anzufangen und mit all dem zu brechen, was sie bisher einschränkt und die Beziehung zu Gott, zu anderen Menschen und zu ihnen selbst stört. Mit Recht erwarten sie, dass sich durch ihren Glauben doch etwas ändern sollte und sie als Christen nicht ihre alte unerlöste Existenz fortsetzen müssen.

Allerdings stellen oft ausgerechnet diejenigen, die ihren Glauben ernst nehmen und ihr Leben verändern wollen, enttäuscht fest, dass die Macht der uns bestimmenden Zwänge, Versuchungen und negativen inneren Botschaften weder durch die eigene Glaubensentscheidung noch durch die Taufe an sich gebrochen ist. Die »Sünde« als die lebensmindernde und beziehungsstörende Trennung von Gott ist offensichtlich noch nicht tot. Sie ist als Macht und Möglichkeit nach wie vor da.

So schließen viele daraus, dass es eben die Aufgabe der Gläubigen sei, durch eigenen Willen und Entschluss, durch Verzicht und Anstrengung mit dem alten Leben wirksam zu brechen. Sie versuchen ihrerseits, der »Sünde abzusterben« – das heißt, von deren Einfluss frei zu werden. Aber je mehr sie gegen sich selbst und alles Negative in sich ankämpfen, desto niedergeschlagener sind sie. Je angestrengter sie kämpfen, desto größer ist die Enttäuschung fortwährenden Versagens.

Nun spricht aber Paulus in Römer 6 gar nicht davon, dass die *Sünde* bereits gestorben ist. Sie ist durch Christi Kreuz und Auferstehung sehr wohl verurteilt und entrechtet, aber sie ist noch nicht vernichtet. Denn die Sünde und der Tod als Feinde Gottes und der Menschen werden endgültig bei der kommenden Erscheinung des Auferstandenen vernichtet werden.

Der Apostel spricht auch nicht davon, dass die Gläubigen ihrerseits erst der Sünde *von sich aus* absterben müssten. Vielmehr erinnert er die Getauften daran, dass sie »auf Christus« – das heißt zu seinem Eigentum und in seinen Herrschaftsbereich hinein – getauft worden sind. Damit haben sie sich selbst dem gekreuzigten und auferstandenen Herrn übereignet und gehören bleibend zu ihm.

Gekreuzigt und der Macht der Sünde abgestorben ist allein Jesus Christus selbst. Aber wenn wir ihm gehören und in ihn »eingepflanzt« sind (Römer 6,5), dann sind wir gegenüber dem Zwang und Anspruch »mit ihm gekreuzigt« und wirklich »gestorben«. Die Macht und Möglichkeit der Sünde mögen noch existieren und uns anfechten, aber ihr Herrschaftsanspruch ist gegenüber allem, was in Christus ist, gebrochen.

Wenn das jedoch stimmt, dann führt alles eigene und unabhängige Ringen und Selbstüberwinden in die völlig falsche Richtung. Dann müssen wir die Beziehung zu Christus nicht erst durch eigenständiges Kämpfen verdienen, sondern umgekehrt bestehen die Freiheit und das neue Leben ausschließlich in der uns geschenkten Beziehung zu Christus. Es ist Christus allein, der für uns gestorben ist. Er ist es auch, der als der Auferstandene nun in seinen Gläubigen und durch sie leben will.

Er hat offenbar noch nie von uns erwartet, dass wir uns selbst überwinden und befreien; sonst hätte er nicht aus Liebe für uns zu sterben brauchen. Er hat aber offensichtlich auch nie von uns gefordert, dass wir ohne ihn in unserem Leben verwirklichen, was nur er selbst als der Lebendige in uns und durch uns tun kann und will. Denn er erwartet in seiner Liebe nichts von uns, was er uns in seiner Gnade nicht selbst geben will.

Christen brauchen nichts anderes und nicht mehr als das, was sie schon immer haben und was sie überhaupt zu Christen macht – dass sie *in Christus* sind und *Christus in ihnen*. In der Gemeinschaft mit ihm und im Vertrauen zu ihm erfahren sie schon hier und jetzt ein »neues Leben« als »aus den Toten Lebendige« und »für Gott Lebende« (Römer 6,4.11.13).

Aber warum immer dieses vorbehaltliche: »Herr, *wenn* es stimmt«? Sagt Paulus nicht ausdrücklich: »Dies wissen wir«

(Römer 6,6), und: »Betrachtet euch als« (Römer 6,11)? Für Jesus Christus und für den Apostel steht es wohl gewiss nicht infrage. Aber *wir* denken, reden und handeln so, als wäre die Erkenntnis von Römer 6 nicht so gut begründet und wirklich wahr, wie sie es zweifellos ist.

Deshalb endlich: »Herr, *weil* es stimmt, dass du alles schon getan hast, möchte ich dich nun erleben jeden Tag. Dich will ich lieben, dir will ich vertrauen, denn du liebst mich, wie ich selbst es nicht vermag.«

Herr, mit dir bin ich gekreuzigt

HERR, MIT DIR BIN ICH GEKREUZIGT

Herr, mit dir bin ich gekreuzigt
und begraben in den Tod.
Ich lebe, doch nun nicht länger ich,
sondern du lebst in mir.
Nun gehöre ich ganz dir
und will leben, mein Herr, allein für dich.

I am crucified with Christ,
it is no longer I who live,
but Jesus who lives his life in me.
And the life which I live,
I will live by faith in him
who loved me and gave himself for me.[25]

Röm 6,1-11; 7,4-6; Gal 2,19.20

»*Nachfolge bedeutet Selbstverleugnung!*« – Nein, Nachfolge bedeutet Selbst*findung*! Denn wenn ich Christus nachfolge, dann finde ich bei ihm mein wirkliches und eigentliches Leben. Nur insoweit ich mir selbst im Wege stehe und mich durch meine Isolation von Gott selbst vom Leben abhalte, muss ich mich von mir distanzieren – um mein wahres Selbst bei Christus zu finden. Dann sage ich im Glauben an Christus sehr wohl aller Selbstgerechtigkeit, Selbstgefälligkeit und Selbstbezogenheit ab.

Dies führt aber nicht zu Selbstzerstörung und Selbstverlust, sondern zu einem ganzen neuen Selbstvertrauen im Vertrauen auf Christus. Wenn Christus in uns lebt, gewinnen wir ein ungekanntes Selbstbewusstsein in dem Bewusstsein seiner Liebe und Wertschätzung. Wer in Christus seine Mitte sucht, der findet zu sich selbst.

»Aber Heiligung bedeutet doch Selbstaufgabe!« – Nein, Heiligung bedeutet *Hingabe*! Heilig ist, was Gott geweiht und ihm zur Verfügung gestellt wurde. Heiligkeit ist keine Eigenschaft, die der Mensch durch eigene Frömmigkeit erlangt, sondern sie ist eine Bestimmung – nämlich die, für Gott und durch Christus zu leben. Heilig bin ich also, wenn ich mich mit meinem ganzen Leben Gott anvertraue, wenn ich zu ihm gehören und für ihn leben will. Heilig bin ich, wenn ich ihm gegenüber vorbehaltlos offen und uneingeschränkt wahrhaftig bin.

Wenn es nicht um diese *Hingabe* an Gott, sondern um meine Selbst*aufgabe* ginge, was sollte ich Gott dann schenken, wenn ich vor lauter Selbstzerstörung nicht mehr bin? Was hat Gott denn von mir, wenn ich mich gar nicht ihm, sondern nur der frommen Beschäftigung mit mir selbst hingebe?

»Aber Glauben bedeutet doch Absterben!« – Nein, an Christus glauben heißt, mit ihm und durch ihn – der für uns ein für alle Mal gestorben ist – zu *leben*! Mit seinem Kreuz und seiner Auferstehung hat uns Christus alles geschenkt, was wir für unser ewiges Leben jetzt und in Zukunft brauchen. Er hat durch seinen Tod den Tod besiegt und durch sein neues Leben unser Leben neu geschaffen. Er ist an unserer Stelle und zu unseren Gunsten der Sünde gestorben, damit wir durch ihn

und mit ihm frei sind von der Schuld und von der Herrschaft unseres alten Lebens.

So sollen wir gar nicht erst versuchen, auch ohne Christus von der Sünde freizukommen, sondern unsere Freiheit in Christus beanspruchen. Wir brauchen nicht selbst zu sterben, sondern dürfen Christus glauben, dass er uns bereits in seinen Tod mit einbezogen hat, sodass wir jetzt mit ihm leben können. Wir leben nicht, um zu sterben, sondern wir sind mit ihm gestorben, damit wir durch ihn leben. Das Ziel ist nicht unser eigenes Sterben, sondern die ungehinderte Lebensentfaltung des Auferstandenen in uns: »Also lebe nicht mehr ich, sondern Christus lebt in mir« (Galater 2,20).

»In den Tod geben« sollten wir allerdings die Illusionen unserer falschen Frömmigkeit – als ließe sich die Sünde von unseren eigenen verzweifelten Anstrengungen beeindrucken! »Begraben« sollten wir unsere vermenschlichenden Vorstellungen – als hätte der Gott des Lebens und der Liebe Gefallen am Sterben, Leiden und Zerknirschtsein seiner Kinder!

VOR UNS LIEGT EIN WEITES LAND

Refrain:
Vor uns liegt ein weites Land.
Er hat uns sein Wort gegeben,
und er fasst uns bei der Hand,
macht sich mit uns auf den Weg.

1. Tag für Tag die gleichen Sorgen,
doch wir kommen nicht voran;
und inmitten unsrer Wüste
öden wir uns selber an.

2. Ist es Stolz, ist es Verzweiflung,
dass wir stets im Kreise gehn
und – statt Gott beim Wort zu nehmen –
nur auf unsere Schwachheit sehn?

3. Gäb es dort nur Milch und Honig
und wir kämen leicht hinein,
ja dann läge es uns näher,
furchtlos und getrost zu sein.

4. Nur ein Schritt trennt uns vom Leben,
nur ein Fluss von jenem Land,
das uns Gott schon längst gegeben;
er hat unsere Not erkannt.

5. Er will selber mit uns ziehen,
uns geleiten Tag und Nacht.
Er, der uns in seiner Treue
sicher bis hierher gebracht.[26]

Als Gott Abraham seinen Segen zusprach und ihn aufforderte, sein Vaterland und seine Verwandtschaft zu verlassen, war diese Segenszusage mit der Verheißung verbunden, dass Gott ihm ein Land zeigen wolle (1. Mose 12,1), um es ihm und seinen Nachkommen zum Besitz zu geben (1. Mose 15,7.18) und ihnen ihr Gott zu sein (1. Mose 17,8). Dementsprechend erschien dieser »Gott Abrahams« später Mose, als die Kinder Israel unter der Sklaverei und Unterdrückung litten. Er wollte sie aus der Hand der Ägypter erretten und herausführen in »ein gutes und weites Land, in ein Land, darin Milch und Honig fließt« (2. Mose 3,1–4,17).

Nun wissen wir, dass sich der Einzug in das verheißene Land auch nach der Befreiung aus Ägypten noch vierzig Jahre verzögerte und Mose selbst vor der endgültigen Erfüllung seines Auftrags mit der Generation der Ausgezogenen verstarb (5. Mose 31–34). Diese lange Wüstenwanderung erklärt sich weder aus der großen Distanz des Weges noch aus Gottes gutem Gebot und Willen, sondern allein durch das Zweifeln und Hadern, durch den Ungehorsam und Kleinglauben des Volkes. So kam es erst unter Josua, dem Nachfolger des Mose, zum Empfang des Landes, das Gott seinem Volk doch schon längst zugedacht hatte: »So mach dich auf und zieh über den Jordan, du und dies ganze Volk, in das Land, das ich ihnen, den Kindern Israel, gegeben *habe*. Jede Stätte, auf die eure Fußsohlen treten werden, *habe* ich euch gegeben, wie ich Mose gesagt habe« (Josua 1,2 f.).

Durch das Evangelium erfahren wir, dass auch wir in Jesus Christus an dem Segen Gottes teilhaben dürfen, obwohl die meisten von uns keine leiblichen Nachkommen Abrahams – also keine geborenen Juden – sind. Ausgiebig und leidenschaftlich entfaltet Paulus in Römer 4 und in Galater 3 und 4, dass auch wir als Gläubige »aus den Heiden« mit Abraham gesegnet werden (Galater 3,8 f.). Auch wir dürfen an dem Verheißungsgut teilhaben, das Gott den Vätern Israels zugesagt hat – »auf dass der Segen Abrahams unter die Heiden käme in Jesus Christus und wir den verheißenen Geist empfingen durch den Glauben« (Galater 3,14).

Das Erbe, das wir als »Gläubige aus den Heiden« in Christus empfangen, wird nun von Paulus nicht mit der Landverheißung im wörtlichen Sinne verbunden, sodass wir auf ein irdisches Jerusalem in dieser Zeit warten würden, sondern wir blicken auf das »Jerusalem, das droben ist« (Galater 4,26). Das Erbe, das wir wie Abraham im Glauben empfangen haben (Galater 3,18), ist der »Segen« in Christus. Und dieses Segensgut, das Gott uns aus Gnade schenkt, besteht für uns in der Rechtfertigung allein im Glauben (Galater 3,6.8.11.21.24), in der Befreiung von der berechtigten Anklage und Verurteilung des Gesetzes (Galater 3,13; 4,4 f.), in der Gabe des Lebens (Römer 6,23; Galater 3,11.21), in der Sendung und Einwohnung des Geistes Gottes und Christi in uns (Galater 3,2.5.14; 4,6) und damit in der Freiheit und Würde der Gotteskindschaft (Galater 3,26; 4,5-7; 5,1.13).

Nun kommt die spannende Frage! Wenn wir im Glauben an den für uns gekreuzigten und auferstandenen Jesus Christus das ewige und unvergängliche Erbe empfangen haben – wo stehen wir im abgeleiteten Sinne dann als Gläubige auf dem Weg zwischen Verheißungsempfang und endgültiger ewiger Erfüllung? Sind wir allererst Empfänger des Wortes der Verheißung? Stehen wir noch vor unserer Erlösung und sind in Unterdrückung und Sklaverei gebunden? Befinden wir uns noch vor dem Empfang des Willens und des Wortes Gottes wie Israel vor dem Sinai? Sind wir unausweichlich auf der langwierigen, aber unausweichlichen Wanderung durch die Wüste mit all ihren Entsagungen, Mühen und Nöten? Oder hat uns Gott nicht – im übertragenen Sinne – wie Israel unter der Führung von Josua bereits an die Schwelle des verheißenen Landes gestellt, das er uns in Christus schon längst erworben und geschenkt hat? Das verheißene Land ist dadurch gekennzeichnet, dass Gott selbst uns führt und für uns streitet, dass er in unserer Mitte ist und unter uns wohnt, dass wir getrost und furchtlos auf ihn vertrauen dürfen. Es ist der Bereich, in dem wir ihn als unseren Herrn in Dankbarkeit lieben, erkennen und verehren können. Wo stehen wir dann als Gemeinde Jesu Christi?

In vielen geistlichen Liedern wird unsere Existenz auf der Erde eher mit der Wüstenzeit verglichen und der Übertritt »über den Jordan« in das verheißene Land mit dem Sterben und dem Übergang in das jenseitige Leben verbunden. Dies mag bei Christen, die verfolgt werden und aufgrund ihres Glaubens in diesem Leben vor allem Ablehnung und Leiden erfahren, durchaus nachvollziehbar und für sie trostreich sein. Wollte man diesen Trost Angefochtenen abschlagen, die unter schweren Krankheiten und äußeren Einschränkungen leiden und keine Heilung und Besserung im Hier und Jetzt erfahren? In der Tat sind wir auch als gerechtfertigte und erlöste Kinder

Gottes immer noch vergänglich und sterblich. Wir werden von Jesus wie von den Aposteln darauf vorbereitet, dass wir gerade aufgrund unseres Glaubens in dieser Welt Hass und Verfolgung erfahren mögen.

Aber gerade der durch Verfolgung und Krankheit bestimmte Apostel Paulus legt großen Wert auf die Gewissheit, dass das verheißene »ewige Leben« in Gestalt der Gemeinschaft mit Christus schon hier und jetzt beginnt. Christus lebt bereits jetzt als der Auferstandene unter uns und in uns (Galater 2,20; 4,6.19). In Gestalt des lebendig machenden Geistes wohnen Gott, der Vater, und Jesus Christus bereits in unserer Mitte (Galater 3,2.5.14; 4,6). Wenn wir im Einklang mit seinem Geist leben und uns von ihm führen und bestimmen lassen, dann dürfen wir schon jetzt die Freiheit der Kinder Gottes genießen (Galater 5,16-26). Wir sind nicht mehr Sklaven, sondern Freie, nicht mehr Verdammte, sondern Begnadigte. Als Frucht dieser geistlichen Gottesgemeinschaft und Gottesherrschaft in uns dürfen wir schon jetzt »Liebe, Freude, Friede, Ausdauer, Freundlichkeit, Gütigkeit, Glaube, Sanftmut und Selbstbeherrschung« (Galater 5,22-23) erwarten und erleben. Der nicht nur für uns gestorbene, sondern bereits auferstandene Christus hat uns in seiner Person bereits Verheißungs- und Segensgut geschenkt – ein gutes und weites Land, ein Land, darin Milch und Honig fließt.

»Tag für Tag die gleichen Sorgen, doch wir kommen nicht voran; und inmitten unsrer Wüste öden wir uns selber an. Ist es Stolz, ist es Verzweiflung, dass wir stets im Kreise gehn und – statt Gott beim Wort zu nehmen – nur auf unsere Schwachheit sehn?« Es mag schon sein, dass wir uns auch als Christen immer wieder in der Situation der Wüstengeneration wiederfinden und das Israel der Wüstenzeit uns vertrauter vorkommt als das der Landnahme und des zuversichtlichen Vertrauens gegenüber dem Gott der Verheißung. Das liegt dann aber weniger an dem Vorbehalt der Heilsgeschichte. Denn mehr als uns Gott in Jesus Christus geschenkt hat, kann er uns gar nicht schenken. Es liegt wohl eher an unserer eigenen Verkennung des Evangeliums und unseres Reichtums, der uns als Töchtern und Söhnen Gottes bereits geschenkt worden ist.

»Vor uns liegt ein weites Land. Er hat uns sein Wort gegeben, und er fasst uns bei der Hand, macht sich mit uns auf den Weg. Nur ein Schritt trennt uns vom Leben, nur ein Fluss von jenem Land, das uns Gott schon längst gegeben; er hat unsere Not erkannt. Er will selber mit uns ziehen, uns geleiten Tag und Nacht. Er, der uns in seiner Treue sicher bis hierher gebracht.«

SEI GETROST UND FÜRCHTE DICH NICHT

Sei getrost und fürchte dich nicht,
ich will bei dir bleiben.
Nie und nirgends weiche ich von dir.

Sei still! Ich gebe dir mein Wort.

Ich will für dich streiten,
dir den Weg bereiten,
denn dein Gott ist mit dir.

Lass all deine Sorgen!
Hoffe! Sei geborgen!
Bleib gelassen in mir![27]

2. Mose 14,13 f.; Jos 1,9; Ps 37,5.7;
Mt 6,25-34; Apg 18,9 f.; 1. Petr 5,7

»Habe ich dir nicht geboten: Sei stark und mutig? Sei also
ohne Furcht und Angst, denn der Herr, dein Gott, ist mit dir
überall, wohin du auch gehst« (Josua 1,9). Mit diesen Worten
erinnert Gott Josua an seine Zusage und Beauftragung, nach-
dem Mose verstorben ist und der Einzug in das verheißene
Land nunmehr unmittelbar bevorsteht: »So mach dich nun
auf und zieh über den Jordan, du und dies ganze Volk, in das
Land, das ich ihnen, den Kindern Israel, gegeben habe. Jede

Stätte, auf die eure Fußsohlen treten werden, habe ich euch gegeben, wie ich Mose zugesagt habe« (Jos 1,2 f.). Spätestens jetzt weiß Josua, was Glauben und Vertrauen wirklich bedeuten. Bisher konnte er sich an Mose orientieren und wusste die letzte Verantwortung bei seinem Vorgänger. Zwar waren ihm die Verheißung der Landnahme und seine grundsätzliche Berufung bewusst, aber bisher lebte er wie auch alle Israeliten noch in der Vorläufigkeit der Wüstenzeit – in dem eigentlich nicht vorgesehenen Zwischenbereich zwischen der Erlösung aus der Sklaverei und dem Leben in der Freiheit des verheißenen Landes. Sie lebten – von Gott und seiner Verheißung her gesehen – weit *unter* ihren Verhältnissen, denn sie lebten gemäß ihren *eigenen* Voraussetzungen.

Jeder weitere Schritt über diesen Fluss, vor dem sie nun stehen, wird ein Schritt des Glaubens sein; und jeder Ort, den ihre Fußsohlen betreten, ein Raum des Vertrauens. Das, was vor ihnen liegt, ist mit eigenen Kräften und Möglichkeiten nicht zu bewältigen. Für einen Sieg gegen alle Widerstände und Überforderungen kann es folglich nur eine Erklärung geben – dass Gott selbst mit ihnen ist und durch sie streitet: »Es soll dir niemand widerstehen dein Leben lang. Wie ich mit Mose gewesen bin, so will ich auch mit dir sein. Ich will dich nicht verlassen noch von dir weichen« (Josua 1,5). Hat Gott nicht schon beim Auszug aus der Sklaverei in Ägypten seinem Volk geboten und zugesagt: »Fürchtet euch nicht, steht fest und seht zu, was für ein Heil der Herr heute an euch tun wird ... Der Herr wird für euch streiten, und ihr werdet stille sein« (2. Mose 14,13 f.).

Wie Josua und das Volk Israel sind auch wir gerufen und eingeladen, Schritte des Glaubens zu tun. Haben nicht auch wir uns in der Wirklichkeit unserer »Wüstenzeit« eingerichtet und planen und gestalten unser Leben gemäß unseren eigenen Möglichkeiten und Kräften? Gewiss, wir glauben grundsätzlich an die Existenz Gottes und erbitten auch gerne für unsere Wege und Pläne seinen »Segen« als Bestätigung unseres Tuns und als Bestärkung unserer Möglichkeiten. Aber Gott hat uns nicht zugesagt, uns auf unseren *eigenen* Wegen zu fördern – und uns damit dann in die Wüste zu schicken –, sondern uns zu *seinen* Wegen zu befähigen. Er hat uns nicht berufen, gemäß unseren eigenen Kräften zu kämpfen, sondern ihn entsprechend seiner Zusage und Stärke durch uns wirken und siegen zu lassen. Das, was Gott mit uns vorhat und in unserem Leben wirken will, hat keine andere Ursache und Erklärung als Gott selbst.

Das Überwältigende an dem Bild der Landnahme ist gewiss, dass es viele unserer Ausreden und Einwände entlarvt. Wenden wir doch gerne ein, dass dem Glauben allein die Werke fehlen und dass das Vertrauen und Sorglossein vor Gott uns zu passiv erscheinen lässt. Niemand bewegt in seinem Leben mehr als der, der Gott gegenüber erwartungsvoll und still ist. Niemand kann aktiver und effektiver wirken als der, der Gott gegenüber stets offen und empfangend ist.

Gewiss gibt es im Glauben viel zu tun – ein ganzes Land an Verheißungen gilt es zu beanspruchen; zahlreiche Widerstände gilt es furchtlos zu überwinden und Herausforderungen zu bestehen. Wir sollen die eigene Berufung entdecken und die eigenen von Gott verliehenen Fähigkeiten entfalten. Aber jeder einzelne Schritt des Glaubens ist ein Schritt im Namen und in der Vollmacht Gottes. Und jedes Fleckchen Land, das wir in unserer Lebensentfaltung betreten und gewinnen, ist das Geschenk und die Verwirklichung der Liebe und Kraft unseres Gottes. Der Glaubende lebt weit über seinen Verhältnissen, denn er lebt gemäß den Verhältnissen, die Gott ihm zugesagt und geschenkt hat. Das siegreiche und segensreiche Leben der Gläubigen hat nur *eine* überzeugende Erklärung – dass Gott selbst mit ihnen ist und durch sie wirkt.

Aber müssen wir nicht auch selbst planen und sorgen, anstatt nur still auf den Herrn zu hoffen und sorglos zu sein? Denken, planen und vorsorgen dürfen wir von Herzen gerne, wenn wir es denn unter Berücksichtigung und Einbeziehung der Größe, Liebe und Treue unseres Herrn tun. Unseren Verstand und die Vernunft können wir gar nicht genug gebrauchen; aber sie sollten sich entsprechend an dem ausrichten, was wir grundsätzlich als wahr, verlässlich und richtig erkannt haben. Das »Sorgen«, das wir im Glauben aufgeben und loslassen sollen (Matthäus 6,25-34; 1. Petrus 5,7), ist die ängstliche und mutlose Auseinandersetzung mit der Zukunft, die außer Acht lässt, dass Gott »für uns sorgt«. Wenn wir uns mit unseren Problemen so auseinandersetzen, als wären Gott und seine Zusage nicht vorauszusetzen, dann reiben wir uns in unberechtigtem und sinnlosem Sorgen auf.

Wer glaubt, verlässt sich selbst – in der doppelten Bedeutung des Wortes – auf Gott, um in ihm gelassen zu sein. Diese Gelassenheit des Glaubens gründet nicht etwa in der Gedankenlosigkeit und Unreife der Glaubenden, sondern in deren lange gereiftem und vernünftigem Rechnen mit der Zusage Gottes: »Sei getrost und fürchte dich nicht, ich will bei dir bleiben. Nie und nirgends weiche ich von dir. Sei still! Ich gebe dir mein Wort. Ich will für dich streiten, dir den Weg bereiten, denn dein Gott ist mit dir. Lass all deine Sorgen! Hoffe! Sei geborgen! Bleib gelassen in mir!«

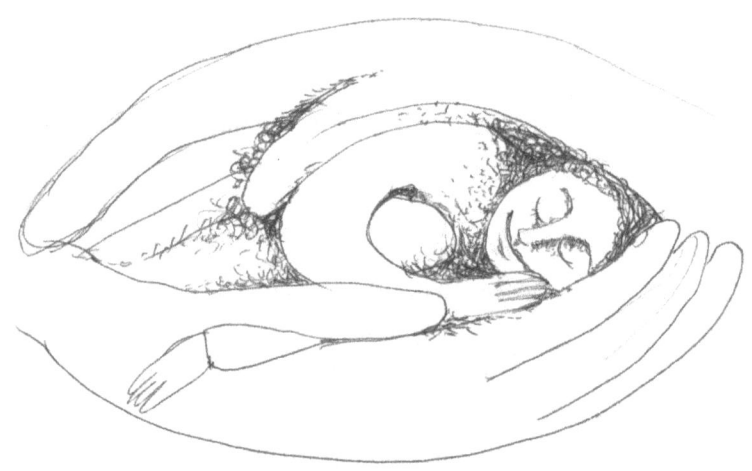

Sei getrost und fürchte dich nicht

ICH AHNE JENSEITS MEINER FRAGEN

1. Ich ahne jenseits meiner Fragen,
du willst noch völlig anders sein,
nicht Antwort nur auf mein Verlangen,
das suchte ich in frühren Tagen.

2. Je mehr ich dich verstehen lerne,
muss ich mit deinen Augen sehn.
Es ist der Wunsch, dich zu ergreifen,
doch scheint's, als ob ich mich entferne.

3. Nichts will ich ohne dich erleben,
in allem Leiden dich nur sehn,
in allem Schönen deine Liebe,
selbst im Versagen dein Vergeben.

4. Ich kann in Liedern es nicht zeigen,
doch kommt die Liebe ja von dir.
Du kennst mich und wirst mich erhören,
ich werde sehn und werde schweigen.[28]

Es gibt Lieder, die einem über Jahre mit der Situation verbunden bleiben, in denen man sie kennenlernte, besonders wertschätzte – oder eben auch dichtete und komponierte. »Ich ahne jenseits meiner Fragen, du willst noch völlig anders sein ...« erinnert mich an die Zeit meines Studiums, als ich in der Nähe von Tübingen wohnte. Da wir fast jedes Wochenende und an vielen Abenden quer durch Deutschland fuhren, um für Jugendliche und Junge Erwachsene Offene Abende, Gottesdienste und Freizeiten zu halten, hatte sich mein Lebensrhythmus auf die nächtlich späten Heimfahrten eingestellt. So studierte ich auch, wenn ich nicht unterwegs war, an meinem Schreibtisch während der Nachtstunden, um dann – was sich nur Studierende erlauben können – in den Vormittag hinein zu schlafen.

Das hatte neben der absoluten Ungestörtheit beim Arbeiten auch noch den Vorteil, dass ich immer wieder bei Sonnenaufgang durch Felder und Schrebergärten meines kleinen Wohnortes streifen konnte, um dort – wiederum völlig ungestört – Zeit für das Gebet und das Nachdenken über Wesentliches zu haben. Man mag sich dabei an die Beter der Psalmen erinnert fühlen, die ebenfalls »das Morgenrot wecken« wollten (Psalm 57,9) und auf Gottes Reden und Eingreifen »in der Frühe« hofften (Psalm 46,6; 90,14; 143,8). Freilich dachten sie wohl eher an ein frühes Aufstehen als an ein so spätes Zubettgehen.

Noch sehr genau erinnere ich mich in diesem Zusammenhang an eine Situation, in der ich wieder einmal aus der Nacht heraus in den Morgen ging, um zwischen all den Terminen und Pflichten in der Stillen Zeit und im Gebet wieder zu mir selbst zu kommen – besser gesagt: zu der Mitte meines Glaubens und zu dem Wesentlichen meines Lebens. Über all die

Aktivität drohte mir das Eigentliche und Erfüllende des Glaubens – die »erste Liebe« – aus dem Blick zu geraten, und ich sehnte mich nach einer neuen Ursprünglichkeit und nach der Unmittelbarkeit der Erfahrung. Mir wurde bewusst, dass ich wohl schon seit Wochen funktionierte und studierte, predigte und lehrte, aber eigentlich selbst gerade gar nicht tragend erlebte, was ich anderen als wahr und wichtig erklärte.

So sehe ich mich noch heute an den Gärten mit all ihren in der Morgenluft duftenden Blumen-, Kräuter- und Gemüsebeeten vorbeigehen und im Gebet um die Rückkehr zu den Anfängen und zum Eigentlichen ringen. Aber sosehr ich auch in mich ging und den Himmel bedrängte, wurde es in mir eher dunkler, während es um mich herum heller wurde.

Nach endlosen Runden blieb ich dann schlussendlich stehen und ging tatsächlich in mich, um mich zu fragen, was ich da eigentlich machte. »Die ganze Zeit betest und flehst du nun um Erkenntnis, Christusbegegnung und unmittelbares Erleben. Was soll der Himmel denn da von dir halten? Wenn es deinem himmlischen Vater gefallen würde, könnte er dir – ohne dass du ›plapperst wie die Heiden‹ – auf deine einfache Bitte hin geben, was du brauchst. Aber er antwortet nicht so, wie du es dir vorstellst, und erfüllt dir deine Wünsche nicht so, wie du sie äußerst.«

Da kam mir der so naheliegende wie einleuchtende Gedanke, die Sache einmal aus der Perspektive Gottes zu betrachten. Was sollte Gott von mir denken, wenn ich ihn pausenlos und ununterbrochen mit meinen Sorgen, Anliegen und Bitten bedränge, ohne mich auch nur für eine Sekunde um seine Interessen, seinen Blickwinkel und seine Probleme zu kümmern? Wie würde ich selbst wohl eine menschliche Freundschaft oder Ehe einschätzen, bei der der eine ausschließlich seine eigenen

Sorgen vorbringt und Anliegen durchsetzt, ohne auch nur nach dem Gegenüber zu fragen?

So hörte ich mich selbst beten: »Herr, ich kann dich zwar jetzt weder hören noch sehen, aber ich weiß, dass du mich sehr wohl hörst und siehst. So möchte ich mich nun endlich dir zuwenden, so wie ich es umgekehrt die ganze Zeit von dir erwartet habe. Ich möchte auf dich und deine Gedanken eingehen und deine Sorgen und Probleme im Hinblick auf diese Welt, deine Geschöpfe und deine Gemeinde mit dir teilen. Ich will, dass du so wahrgenommen wirst und glücklich bist, wie ich es gerne wäre.«

Ehe ich mich versah, waren meine Gedanken weit weg von mir. Meine Gebete handelten nicht mehr von meinen Bedürfnissen und meiner Befindlichkeit. Es ging vielmehr um Gott selbst und um die Liebe, die Fürsorge und Leidensbereitschaft Jesu Christi. Er ist seinerseits den Weg aus der Geborgenheit und Gemeinschaft in die Entfremdung und Einsamkeit gegangen, um seinen Vater zu verherrlichen und sich den Menschen in Hingabe zuzuwenden.

Während ich mich so aus dem Blick verlor und mich ganz auf die Perspektive Jesu Christi einließ, stellte sich plötzlich und unverhofft genau die Glückseligkeit und Erfüllung ein, um die ich zuvor so verzweifelt wie wortreich gebetet hatte. Es war das Glück der von sich selbst Erlösten und die Gelassenheit derer, die in Gott selbst gelassen sind. Es war die Erfahrung der »ersten Liebe«, die nicht sich selbst zum Thema hat, sondern überwältigt ist von dem Du und der Beziehung. Es war eine »neue Ursprünglichkeit«, die sich nicht von sich selbst her versteht und nicht von dem eigenen Verhalten, Erleben und Fühlen. Sie konzentriert sich vielmehr – aufs Neue und wie am ersten Morgen – auf den Schöpfer, Erlöser und

Herrn, von dem, durch den und für den wir als Menschen geschaffen worden sind.

Für diese Wesentlichkeit der Beziehung ist es völlig untergeordnet, was und wie viel ich fühle und ob ich die Realität des Geglaubten auch gerade in meiner Wirklichkeit wahrnehme oder nicht. Diese neue Ursprünglichkeit und Unmittelbarkeit sucht nicht die Rückkehr zu der Naivität des Kinderglaubens, sondern strebt nach der Reife und vertrauensvollen Zuversicht eines erwachsenen Glaubens. Sie ist nicht rückgewandt und in sich selbst zurückgezogen, sondern zukunftsorientiert und zugewandt. Die wiedergewonnene Unmittelbarkeit äußert sich darin, dass nicht mehr mein eigener Glaube und seine Befindlichkeit im Mittelpunkt stehen, sondern der, an den ich glaube. Es geht nicht mehr um die Beantwortung all meiner Fragen, sondern darum, dass ich in Christus die eine Antwort Gottes erkenne, die alle unsere Fragen in sich aufhebt.

Aus dieser grundlegenden Erfahrung heraus, an die ich bis heute immer wieder anknüpfe und über die ich wohl auch nie hinauswachsen kann, entstanden damals Text und Melodie des vorliegenden Liedes: »Ich ahne jenseits meiner Fragen, du willst noch völlig anders sein, nicht Antwort nur auf mein Verlangen, das suchte ich in frühren Tagen. Je mehr ich dich verstehen lerne, muss ich mit deinen Augen sehn. Es ist der Wunsch, dich zu ergreifen, doch scheint's, als ob ich mich entferne.«

Wie es so häufig geht, verstand ich anschließend dann klar und eindeutig, was mir als biblischer Text grundsätzlich schon längst bekannt war. Den Philippern, die sich in ihrer Selbstbezogenheit für vollkommen halten und meinen, alles schon begriffen und ergriffen zu haben, beschreibt Paulus als sein eines und entscheidendes Glaubens- und Lebensziel: »Aber was mir

Gewinn war, das habe ich um Christi willen für Schaden erachtet. Ja, ich erachte es noch alles für Schaden gegenüber der überschwänglichen Erkenntnis Christi Jesu, meines Herrn … Ihn möchte ich erkennen und die Kraft seiner Auferstehung und die Gemeinschaft seiner Leiden und so seinem Tode gleich gestaltet werden, dass ich wohl zur Auferstehung von den Toten gelangen möchte« (Philipper 3,8.10).

Wer wirklich Christus begegnet ist, der will sich weder von sich selbst noch von seinem eigenen Glauben und Erleben her verstehen, sondern fortan und in allem von Christus her. Wer von Christus ergriffen ist, der sucht auch nicht nur dessen Kraft und Hilfe, sondern möchte mit seinen Augen sehen und in Liebe auch die »Gemeinschaft seiner Leiden« und das Geheimnis seines Kreuzes mit ihm teilen. Wer als Ergriffener nach Christus greift und ihm als seinem Ziel nachjagt (Philipper 3,12-14), der möchte sich fortan nicht mehr auf sein eigenes Glück und geistliches Erleben konzentrieren – und findet doch gerade darin seine wahre Bestimmung und Erfüllung. Das größte Glück besteht wohl darin, in Christus etwas zu finden, was einem noch wichtiger wird als das eigene Glück. Dies ist die wahre Glückseligkeit und das wirkliche geistliche Erleben.

»Nichts will ich ohne dich erleben, in allem Leiden dich nur sehn, in allem Schönen deine Liebe, selbst im Versagen dein Vergeben. Ich kann in Liedern es nicht zeigen, doch kommt die Liebe ja von dir. Du kennst mich und wirst mich erhören, ich werde sehn und werde schweigen.«

SCHAU VOR ALLEM AUF JESUS
TURN YOUR EYES UPON JESUS

Schau vor allem auf Jesus,
sein Blick leitet dich auch bei Nacht.
Deine Angst und Sorge verlieren sich
in dem Licht seiner Liebe und Macht.

Turn your eyes upon Jesus,
look full in His wonderful face,
and the things of earth will grow strangely dim,
in the light of His glory and grace.[29]

Hebr 3,1; 12,2; Ps 27,8; 32,8; 2. Kor 4,18; Kol 3,1f.

»Turn your eyes upon Jesus« ist ein textlich von Lilias Trotter inspirierter Chorus, den Helen H. Lemmel (1863–1961) Anfang des letzten Jahrhunderts komponierte. Im englischsprachigen Raum wird er bis heute wegen seiner so eingängigen Melodie und seiner so konzentrierten geistlichen Aussage geschätzt. War doch schon die dem Text zugrunde liegende kurze Abhandlung von Lilias Trotter (1853–1928) treffend mit »Focussed« – »Fokussiert« – überschrieben. Als begabte Malerin und Missionarin war sie mit der Wirklichkeit der verschiedenen Perspektiven und des bewussten Sehens nur zu vertraut.

Freilich gründen sowohl Vorlage wie Ausarbeitung des Liedes – wie auch die deutsche Variante – ihrerseits in zentralen biblischen Aussagen und Wahrheiten. So lädt der Hebräer-brief dazu ein, auf Jesus, den von Gott Gesandten und treuen Hohen Priester, zu schauen (Hebräer 3,1), der uns in unseren Leiden und Versuchungen helfen kann. Hat er sie doch zu unserer Erlösung selbst erlitten und damit dem Tod die Macht genommen (Hebräer 2,14-18). Die trostbedürftigen und in ihrem Bekenntnis ermüdeten Gläubigen werden in Hebräer 12,1 ermuntert, alles abzulegen, was sie beschwert. Sie werden ermutigt, wie in einem Wettkampf mit Ausdauer und Geduld in dem begonnenen Lauf durchzuhalten. »Dabei wollen wir *hinschauen auf* Jesus, den Anfänger und Vollender des Glaubens, der um der vor ihm liegenden Freude willen das Kreuz auf sich nahm, ohne auf die Schande zu achten, und sich zur Rechten des Thrones Gottes gesetzt hat« (Hebräer 12,2).

Dieses »Schauen auf Jesus« hat im ursprünglichen Sinne des Wortes in Hebräer 12,2 *drei* Aspekte. Es bedeutet zunächst und wörtlich: »*weg*schauen« – nämlich von all dem, was uns von unserem Lauf und Ziel ablenkt, was uns hindert und beschwert, was uns »Angst und Sorge« macht. Was wir anschauen, das beeinflusst uns; und was wir vor Augen haben, bestimmt unweigerlich unser Denken, Fühlen und Handeln. So bedeutet Konzentration das bewusste Zurückstellen von dem, was vom Ziel ablenkt; und Fokussieren ist mit dem Beiseitelassen von allem Unwesentlichen und jetzt Nebensächlichen verbunden.

Das »Sehen« in Hebräer 12,2 bedeutet zweitens »*auf*schauen« – den gesenkten Blick erheben und sich aufrichten. Es gilt, die Augen nach oben zu richten und dorthin zu schauen, wo Jesus – im Unterschied zu uns – bereits ist, nämlich im Licht der Herrlichkeit und Gnade, in der Gegenwart und Gemeinschaft seines himmlischen Vaters. Mögen wir auch noch unter dem Hass, der Belastung und der Oberflächlichkeit dieser Welt leiden, von ihm her strahlt uns aus der himmlischen Welt schon das »Licht seiner Liebe und Macht« entgegen, das unsere gegenwärtigen Probleme überstrahlt und abschwächt. Das »Schauen auf Jesus« hat schließlich vor allem die Bedeutung des bewussten und konzentrierten »*Hin*sehens« auf ihn. Wenn das, was wir sehen, uns bestimmt und erfüllt, dann sollten wir darauf achten, worauf wir schauen. Wenn das bewusste und ausdauernde Betrachten uns prägt und verwandelt, dann sollten wir unsere Blicke nicht oberflächlich von allem Möglichen ablenken lassen, sondern bewusst und willentlich auf das ausrichten, was uns bedeutsam ist. Unsere Wahrnehmung beeinflusst unser Wesen, und unser Wesen formt unsere Fähigkeit zur differenzierten und gezielten Wahrnehmung.

Hinschauen bedeutet Anschauen; und zwischen Personen bedeutet das wechselseitige Anschauen Zuwendung und Selbstmitteilung. In einer vertrauensvollen und offenen Beziehung weichen wir den Blicken nicht aus und schauen nicht aneinander vorbei, sondern wir suchen den Augenkontakt und verständigen uns auf diese Weise. Wir orientieren uns an den Blicken derer, die wir lieben, und lassen uns von ihnen leiten: »Schau vor allem auf Jesus, sein Blick leitet dich auch bei Nacht.«

Nun war es für die Frauen und Männer, die Jesus noch vor seiner Kreuzigung und Auferstehung begleiten konnten, gewiss leichter, sein Angesicht zu suchen und Augenkontakt mit ihrem Herrn zu halten. Sie konnten sich unmittelbar hinwenden und aufblicken und seinen Blickkontakt suchen. Wir haben unsererseits dafür freilich das vielfältige schriftliche Zeugnis des Evangeliums im Neuen Testament. Wir haben die Möglichkeit der Hinwendung und des Ausrichtens auf den in seinem Geist gegenwärtigen Christus im Gebet. Wir erfahren seine Anwesenheit und Anschaulichkeit in der Gemeinschaft mit anderen, die »sein Angesicht suchen« (Psalm 27,8) und sich »von Gottes Augen leiten« lassen wollen (Psalm 32,8 f.). Uns allen geht es aber wohl immer wieder wie Maria Magdalena am Grab Jesu, die vor lauter Trauer und in Angst und Sorge so befangen war, dass sie ihren auferstandenen Herrn nicht einmal wahrnahm, als er bereits unmittelbar neben ihr stand. Sie erkannte ihn auch nicht, als er sich ihr zuwandte und sie anschaute: »Sie sieht Jesus stehen und weiß nicht, dass es Jesus ist« (Johannes 20,14). Erst als er sie mit ihrem Namen persönlich anspricht, kann sie »*weg*schauen« von der leeren Höhle ihrer begrabenen Hoffnungen. Sie kann »*auf*schauen« und sich aus ihrer von Trauer gebeugten Haltung aufrichten und »*hin*schauen«. Endlich schaut sie zu dem hin und auf den, dessen Blick voller Liebe und Fürsorge alles zurücktreten und verblassen lässt, was eben noch die gesamte Wahrnehmung und Aufmerksamkeit bestimmte. In ihrer Konzentration auf ihren auferstandenen und lebendigen Herrn erscheinen alle Angst und Sorge blass und unscharf – wie ihr zuvor noch die »Liebe und Macht« ihres so schmerzlich vermissten Herrn erschienen ist.

Konzentration auf das uns Wesentliche erreichen wir durch »Fokussierung«, durch »Bündelung« und »Scharfstellung« der Augen – wie es Lilias Trotter schon mit ihrem inspirierenden Ausgangstext »Focussed« vor Augen führte. Schauen wir durch ein Fenster auf die dahinterliegende Landschaft, dann erscheint uns das Fensterkreuz im Vordergrund undeutlich, schauen wir konzentriert auf das Kreuz selbst, verlieren sich die Konturen der Umgebung und lassen sie so seltsam unklar – »strangely dim« – erscheinen. Glauben bedeutet, sich zu konzentrieren und zu fokussieren – »wegschauen« von allem Unwesentlichen, »aufschauen« von aller Niedergeschlagenheit und Trauer und »hinschauen« auf den, der unseren Augenkontakt sucht, damit wir ihn deutlich und klar sehen und erkennen.

Gelassen ...

WIR SIND DEIN – ABENDLIED
(WIR LEGEN DIESEN TAG IN DEINE HÄNDE)

1. Wir legen diesen Tag in deine Hände
und geben uns mit ihm in deine Hand;
was uns erfüllt, und das, was uns belastet,
hast du in deiner Liebe längst erkannt.

2. Wie viel Bewahrung haben wir erfahren,
und wie viel Licht hat unsern Tag erhellt!
Wir kommen dankbar zu dir als Beschenkte;
selbst im Verlust hast du uns Trost bestellt.

3. Es mag noch manches Dunkel auf uns warten,
doch strahlt am Himmel als ein heller Schein
dein Wort, dass du uns liebevoll begleitest.
Du willst als Licht des Lebens bei uns sein.

4. Gelassen können wir der Nacht begegnen,
uns niederlegen voller Zuversicht;
geborgen sind wir in dem festen Wissen,
der uns behütet, schläft und schlummert nicht.

5. Schenkst du uns, Vater, einen neuen Morgen
und lässt uns Kinder deines Lichtes sein,
so wollen wir ihn ganz mit dir gestalten;
wir schlafen oder wachen – wir sind dein.[30]

Seit Anbeginn der Schöpfung sind unsere Lebenstage durch den Wechsel von Tag und Nacht, von Abend und Morgen gegliedert (1. Mose 1,5 ff.). Dieser tägliche Wechsel von Licht und Finsternis bestimmt so auf natürliche Weise unseren Lebensrhythmus und beeinflusst zugleich unsere eigene Wahrnehmung und Orientierung, unsere Lebensgestaltung und Erlebnisplanung. So wundert es nicht, dass Menschen, denen die Beziehung zu Gott wesentlich und tragend ist, seit biblischen Zeiten auch ihre Gebete, ihre Lieder und Psalmen mit dem Wechsel der Tageszeiten verbanden.

Dabei weckt das Motiv des Abends für sich genommen bei uns keineswegs eindeutige und immer gleiche Gefühle und gedankliche Verknüpfungen. Wurde der Tag von uns als erfüllend und sinnvoll erlebt und sind die Aufgaben und Pläne gelungen, dann können wir zufrieden zurückschauen und uns auf die entspannte Ruhe des Abends und die erholsame Nacht freuen.

Ging der Tag aber aus unserer Sicht viel zu schnell vorbei und war er durch Störungen, Missgeschick und Ärger belastet, dann mögen wir den Anbruch der Nacht eher mit Missstimmung und Enttäuschung wahrnehmen. Nochmals gesteigert werden das Unbehagen gegenüber dem Abend und die Sorge vor der Nacht, wenn wir aus innerer Angst oder äußerer Not, aus körperlichem oder seelischem Leiden zurückschrecken vor »dem Grauen der Nacht« (Psalm 91,5). Dann fürchten wir den Abend noch mehr, als wir den Tag vorbeigewünscht haben.

Häufig aber gehen wir auch mit widersprüchlichen Erfahrungen, gemischten Gefühlen und noch unsortierten Eindrücken in den Abend. Wie wir den Tag selbst einzuordnen haben, wird uns oft erst durch unser Nachdenken und Reden darüber bewusst. Dieselben äußeren Erfahrungen können je nach unserem aktuellen Beziehungs- und Lebenszusammenhang zu ganz verschiedenen Ergebnissen führen.

Bringen wir das Erlebte in eine Vertrauensbeziehung ein und fühlen wir uns darin grundsätzlich geborgen, dann verlieren die negativen Aspekte des Tages schon beim Erzählen an Gewicht. Erleben wir am Abend Zuneigung und Zutrauen, dann büßen die Misserfolge des Tages ihre verallgemeinernde Bedeutung ein. Im abendlichen Austausch teilen wir nicht nur etwas, sondern zugleich uns selbst mit. Im Hinblick auf das, was wirklich zählt, können wir den Tag zugleich gelassen wie versöhnt betrachten. – »Wir legen diesen Tag in deine Hände und geben uns mit ihm in deine Hand; was uns erfüllt, und das, was uns belastet, hast du in deiner Liebe längst erkannt.«

Ist es nicht seltsam, dass uns kritische Aussagen anderer oft länger nachgehen als bestärkende? Ist es nicht merkwürdig, dass unser Misslingen uns meist mehr ärgert, als uns das Gelungene freut? Die Wirklichkeit eines Tages lässt sich nicht einfach objektiv beschreiben, sondern sie ist immer zugleich subjektiv wahrgenommene und persönlich gewichtete Erfahrung. Wer sich in Einsamkeit und Minderwertigkeitsgefühlen vom Tag verabschiedet, der übersieht in seinem Trübsinn auch alle hellen Momente und positiven Ereignisse – und sei es nur die vielfältige Bewahrung von all dem, was auch dem Unglücklichen im Lauf des Tages tatsächlich erspart blieb.

Wer aber aus der Perspektive der Gemeinschaft und des Angenommenseins zurückschaut, der wird sich dankbar seines ganzen Reichtums bewusst, den er auch an diesem konkreten Tag erlebt hat. Selbst Verlusterfahrungen und Abwertungen erscheinen angesichts der gewinnenden und wertschätzenden Zuwendung in einem anderen Licht. Dies gilt schon für unsere menschlichen Beziehungen, wie viel mehr aber für die Beziehung zu dem einen, dem wir unser ganzes Leben und Glück verdanken: »Wie viel Bewahrung haben wir erfahren, und wie viel Licht hat unsern Tag erhellt! Wir kommen dankbar zu dir als Beschenkte; selbst im Verlust hast du uns Trost bestellt.« Nun ist die Nacht nicht nur eine Bezeichnung für den Übergang zum nächsten Tag, sondern zugleich auch Bild für das, was uns Angst macht und unser Leben gefährdet, ein Gleichnis für unsere Aussichtslosigkeit und Trauer. Das Vertrauen zu Gott gründet nicht nur in der allgemeinen Lebensweisheit, dass nach jeder Nacht ein neuer Tag folgt und auf jeden Abend ein neuer Morgen. Dies wäre angesichts der vielen Leiden und Gefahren, Krankheiten und menschlichen Verluste ein unwahrhaftiger Trost. Für unser natürliches menschliches Leben gibt es auch unwiderrufliche Abschiede, unumkehrbare Verluste und eine endgültige Schwächung unseres irdischen Lebens bis hin zum Sterben.

Auch die, die Gott vertrauen, erleiden Anfechtungen und Schmerzen. Sie leiden nicht nur *trotz* ihres Glaubens, sondern viele in Verfolgungssituationen sogar gerade *wegen* ihres treuen Bekenntnisses zu dem Herrn des Lebens. Auch Gläubige können sehr wohl sterben, aber sie können nicht mehr *tot* sein (Johannes 8,51; 11,25 f.). Was sie tröstet, sind nicht menschliche Illusionen, sondern die Hoffnung auf den, der ihnen seine bleibende Treue und Begleitung zugesagt hat. – »Es mag noch manches Dunkel auf uns warten, doch strahlt am Himmel als ein heller Schein dein Wort, dass du uns liebevoll begleitest. Du willst als Licht des Lebens bei uns sein.«

Wer wirklich von etwas ergriffen ist, der kann auch loslassen; und wer sich gehalten weiß, kann sich anvertrauen. Schlafen können wir nur, wenn wir loslassen können, denn Schlaf ist eine Sache des Vertrauens. Wenn uns Angst und

Sorgen aufwühlen, können wir weder entspannen noch Ruhe finden. Wie sollen wir aber einen neuen Morgen ergreifen, wenn wir am Abend nicht loslassen konnten? Wie sollen wir auf einen frischen Tag hoffen, wenn wir noch am alten festhalten? Glauben bedeutet verlassen, um zu finden; ablassen, um zu beginnen; loslassen, um zu ergreifen; sich verlassen, um sich zu gewinnen – eben sich selbst auf Gott zu verlassen, um in ihm geborgen und gelassen zu sein.

Bedarf es bei alldem noch weiterer Erklärungen zu dem tiefen Sinn und Grund unserer Abendgebete und Abendlieder, die wir unserem Gott singen? – »Gelassen können wir der Nacht begegnen, uns niederlegen voller Zuversicht; geborgen sind wir in dem festen Wissen, der uns behütet, schläft und schlummert nicht. Schenkst du uns, Vater, einen neuen Morgen und lässt uns Kinder deines Lichtes sein, so wollen wir ihn ganz mit dir gestalten; wir schlafen oder wachen – wir sind dein.«

DU BIST DAS LICHT
IN MEINER NACHT

1. Du bist das Licht in meiner Nacht,
leuchtest mir hell, wenn niemand wacht;
führst meinen Fuß auf schmalem Steg.
Wie fänd ich sonst nur meinen Weg?

2. Du bist mein Fels, du bist mein Heil,
bist meine Burg, zu der ich eil;
bist Zuflucht mir, Stärke und Schild.
Was du mir bist, erfasst kein Bild.

3. Du bist das Brot, das mich ernährt,
hast mir in Not Stärkung gewährt;
gibst dich für mich, hast dich geteilt.
Hunger und Leid hast du geheilt.

4. All meinen Durst hast du gestillt,
weil aus dir selbst das Wasser quillt,
das mich belebt, das mich erfreut.
All meine Furcht hast du zerstreut.

5. Du bist der Weg, auf dem ich geh,
Wahrheit bist du, zu der ich steh,
du bist mein Ziel, das mich erreicht,
Leben bist du, dem niemand gleicht.

6. All dies bist du und noch viel mehr,
du bist, was ich ewig begehr.
Wärst du nicht da, wo wäre ich?
Mehr als mich selbst, liebe ich dich![31]

Unsere Beziehungen zu anderen Menschen finden zunächst und vor allem in Worten ihren Ausdruck. Entsprechend sind wir auch damit vertraut, von Inhalt, Atmosphäre und Verlauf unserer Gespräche auf die Qualität einer Beziehung zurückzuschließen.

So liegt es nahe, dass wir uns auch einmal kritisch fragen, welches Verhältnis denn in unseren Gebeten – als Mitteilungen an Gott – zum Ausdruck kommt. Sind wir dabei von Zuneigung und Geborgenheit oder eher von Distanz und Angst bestimmt? Zeugen unsere Worte von ungeschützter Offenheit und Spontaneität, oder sind sie viel zu unpersönlich, eingeschliffen und belanglos, als dass man sagen könnte, Gott würde als Gegenüber damit wirklich ernst genommen? Wie würden wir wohl eine menschliche Beziehung beurteilen, in der sich eine Seite stets so äußert, wie wir beten?

Nun wenden wir natürlich ein, dass Gott nicht Mensch ist und wir deshalb zu ihm nicht wie zu einer uns vertrauten und nahestehenden Person sprechen können. Aber welche negativen menschlichen Erfahrungen bringen wir denn dabei mit, wenn wir Respekt und Hochschätzung nicht mehr zusammenbringen mit Geborgenheit und Nähe? Wer hat uns so geprägt, dass wir die Größe und Stärke unseres Gegenübers nicht zusammendenken können mit seiner Zuwendung und seinem Interesse an uns? Ist es wirklich »Ehrfurcht«, wenn wir erst lange überlegen, was wir sagen sollen – oder sind wir nur befangen und verlegen?

Von den Betern der alttestamentlichen Psalmen können wir wohl am besten lernen, wie sich die ehrfurchtsvolle Liebe und das innige Vertrauensverhältnis zu Gott äußern können (vgl. z. B. Psalm 16; 23; 25; 27; 62; 63; 73; 131). Beeindruckend ist dabei nicht nur die Darstellung von Dankbarkeit und Freude, sondern vor allem auch der offene und ungeschützte Ausdruck des Schmerzes, der Verzweiflung und Betroffenheit. Auch wenn wir an den Aussagen der Psalmen über die Feinde vieles von Christus her hinterfragen müssen, werden hier insgesamt vorbildlich Leiderfahrungen und negative Gefühle wie Angst, Trauer, Wut und Enttäuschung direkt und vorbehaltlos vor Gott gebracht und bei ihm »abgeladen«. Wie viele Probleme würden wir uns selbst und anderen ersparen, wenn wir uns bei allem, was wir negativ erleben und empfinden, unmittelbar und spontan an Gott wenden würden, um bei ihm »still und ruhig« zu werden »wie ein kleines Kind bei seiner Mutter« (Psalm 131,2)!

Zu letzter Offenheit und Ehrlichkeit vor Gott kommt es aber wohl da am ehesten, wo wir Gott nicht nur unsere Bitten und unseren Dank, unser Vertrauen und unsere Probleme mitteilen, sondern in der Situation der Schuld und des schuldhaft herbeigeführten Leidens nicht anders können, als uns selbst anzuvertrauen. Dann gibt es selbst in unseren Augen wirklich nichts anderes mehr, was wir an unserer Stelle oder außer uns Gott mitteilen und geben können (Psalm 6; 32; 38; 51; 102; 130; 143; vgl. Psalm 103).

Spätestens in dieser Situation äußerster Betroffenheit wird unser Gebet zu dem, was es immer und ausschließlich sein könnte: Ausdruck unserer uneingeschränkten *Selbstmitteilung* an Gott. Da fällt dann auch der letzte absichernde Vorbehalt, und unsere »Höflichkeit« Gott gegenüber weicht der Wahrhaftigkeit. Wo wir so unbedingt und voraussetzungslos auf Gottes Liebe angewiesen sind bei unserem Gebet, verstehen und erkennen wir vielleicht das erste Mal, was wir schon lange theoretisch wissen und bekennen.

Wenn beten heißt, dass wir uns kindlich und vertrauensvoll an Gott als Vater wenden in allem, was uns umtreibt und beschäftigt, ist damit keinesfalls gemeint, dass wir uns in kindischer Manier unreif und einseitig ichbezogen nur ständig um uns selbst drehen sollen. Selbst dann, wenn es bei unserer Klage oder Bitte zunächst zentral um eigene Interessen geht, handelt es sich zugleich um den Ausdruck einer beidseitigen Beziehung. So ungeschützt, unmittelbar und offen wenden wir uns mit unseren Problemen nur an jemanden, dem wir zutiefst vertrauen und dessen echter Liebe wir uns sicher sind. Von ihm wird unsere Mitteilung der eigenen Bedürfnisse und Schwächen – als eine Form der Selbstmitteilung – nicht nur um unseretwillen geduldet, sondern aufgrund seiner Liebe zu uns um seinetwillen gewünscht.

Infolgedessen lässt sich das Gebet nicht einseitig mit unserer Bedürftigkeit begründen, sondern nur damit, dass es Gott freut, wenn wir ihn offen in unser Leben einbeziehen. Andernfalls hätte es kaum einen Sinn, dass wir ihm etwas sagen, was er längst schon weiß, wenn ihm nicht selbst daran läge, dass wir zu ihm sprechen. Entscheidend ist deshalb weniger, was wir sagen – mit welchen Formulierungen und wie vielen Worten –, sondern ob wir es wahrhaftig und wirklich um *seinetwillen* sagen. Gott will nicht etwas »Neues« von uns hören, sondern er will *uns* hören – und das immer wieder *aufs Neue*.

Erstaunt es dann, dass es Gott nicht gefällt, wenn wir ihn durch schöne oder viele Worte zu bereden versuchen, anstatt ihm zu vertrauen, weil er uns am besten kennt (Matthäus 6,7 f.; vgl. 6,25-34)? Was soll Gott dementsprechend von Gebeten halten, die wir nur um der Anerkennung anderer Menschen willen und vor ihnen formulieren? Sie gelten ja in Wirklichkeit gar nicht ihm, sondern lediglich anderen Menschen und uns selbst (Matthäus 6,5 f.).

Aber auch wenn wir es lernen, unsere Probleme, Anliegen und Interessen vertrauensvoll zu äußern und unser Angewiesensein Gott gegenüber offen einzugestehen, ist das Mitteilungsgeschehen damit noch keineswegs abgeschlossen. Durch Gottes Liebe sollen wir zugleich befähigt werden, selbst zu lieben – also vor ihm auch reif und verantwortungsbewusst zu leben. Erst wenn wir uns nicht nur mit allem an Gott wenden, sondern uns – als Antwort auf seine Liebe – auch ihm selbst zuwenden, wird der Austausch beidseitig und umfassend. »Beidseitig« nicht, weil Gott dann anders zu uns spräche als durch sein aufgeschriebenes Wort, sondern weil nun auch er selbst und persönlich im Mittelpunkt unserer Mitteilungen steht.

Wenn wir unsere eigenen Interessen zeitweilig ganz zurückstellen können, weil wir uns auf die Gedanken und Anliegen Gottes einlassen und ihn selbst lobend beschreiben und verstehen wollen, dann nehmen auch wir uns als Gegenüber Gottes ernst – so wie er es tut. Ihm ist es aufgrund seiner Liebe nicht gleichgültig, ob wir auch nach ihm selbst fragen, die Welt als seine Schöpfung auch durch seine Augen sehen, ob wir zu ihm auch über seine Pläne sprechen können und über andere Menschen, die er liebt.

Wann haben wir das letzte Mal um seiner selbst willen mit Gott gesprochen und um seinetwegen zu ihm gebetet?

Wann haben wir uns an ihn gewandt, um ihm zu sagen, wie viel er uns bedeutet, wie dankbar wir ihm sind und wie sehr wir ihn anerkennen und verehren? Die Psalmen sind voll von anschaulichen Bildern und bewegenden Vergleichen für das, was Gott denen bedeutet, die ihm begegnen und seine Güte und Barmherzigkeit zu ahnen beginnen. In den Evangelien – allen voran im Johannesevangelium – wird diese Gnade und Wahrheit Gottes im Angesicht Jesu Christi erkannt und in unübertrefflicher Weise mit dem Reichtum der alttestamentlichen Beschreibungen und Wertschätzungen Gottes anerkannt und bekannt.

Aber so viele Vorbilder der Anbetung und des Lobens es auch in den biblischen Büchern gibt und so reich die Tradition der christlichen Lieder und Bekenntnisse seitdem sein mag, wer Gott lobt, wird über sein Singen und Bekennen immer wieder sprachlos werden und angesichts der überwältigenden Größe Gottes verstummen und staunend schweigen. Wie soll man auch unbeschreiblich Schönes beschreiben? Wie soll man eine unbegreiflich große Liebe auf den Begriff bringen? Und womit kann man eine unvergleichlich faszinierende Herrlichkeit angemessen vergleichen?

»Du bist der Weg, auf dem ich geh, Wahrheit bist du, zu der ich steh, du bist mein Ziel, das mich erreicht, Leben bist du, dem niemand gleicht. All dies bist du und noch viel mehr, du bist, was ich ewig begehr. Wärst du nicht da, wo wäre ich? Mehr als mich selbst, liebe ich dich!«

Du bist das Licht in meiner Nacht

DENNOCH BLEIBE ICH BEI DIR

Dennoch bleibe ich bei dir, denn
du hältst mich bei meiner Hand,
leitest mich nach deinem Rat und
nimmst dich meiner an.
Nichts im Himmel, nichts auf Erden
reicht, mein Trost, an dich heran.
Das ist meine Freude, dass ich
dir vertrauen kann.

I'll be with You; You will guide me,
draw me ever nearer, Lord.
You will hold me by my right hand,
so I need not fall.
Whom have I in heaven but You?
And on earth who's my delight?
It is good for me to trust You,
have You at my side.[32]

Ps 73,23-26.28

Dieser Chorus nimmt die vertrauensvollen und in ihrer Innigkeit berührenden Formulierungen eines berühmten Psalms auf. Kann man sein Vertrauen und seine Liebe zu Gott herzlicher ausdrücken als mit den Worten von Psalm 73,23-26?

Wir kennen unter den biblischen Psalmen einerseits eine Fülle von bewegenden Klageliedern und Bittgebeten[33]; andererseits finden wir überwältigende Dank-[34] und Loblieder[35] des einzelnen Beters oder der Gemeinschaft. Aber wie kommt es zu dem Wechsel von der Klage zum Lob, von der Anfechtung zur Gewissheit und von dem flehentlichen Bitten zum überschwänglichen Danken?

Die naheliegendste Erklärung für die Wende liegt gewiss darin, dass der Beter erhört wurde und von Gott die erflehte Hilfe und Errettung, Vergebung und Gesundung empfangen hat. So setzen die Danklieder oft ausdrücklich voraus, dass der Psalmbeter der Gemeinde in dankbarer Erinnerung von seiner Not, seinem Bitten und von Gottes gnädigem Eingreifen berichtet (zum Beispiel Psalm 30; 116).

Gut nachvollziehen können wir auch, wenn Angefochtene und Verzweifelte dadurch wieder Zuversicht und Trost gewinnen, dass Gott ihnen eine klare Zusage seines Eingreifens gibt und ausdrücklich seine Hilfe verspricht. So wurde einst auch die von Herzen betrübte Hanna nach 1. Samuel 1,17 f. dadurch getröstet und von Traurigkeit und Tränen erlöst, dass Gott ihr durch den Mund des Priesters die Erfüllung ihrer Bitte verbindlich zusagte (vgl. Psalm 12,6; 32,8).

Besonders eindrücklich wirkt der Ausdruck des Vertrauens und der Verbundenheit mit Gott aber wohl dann, wenn die äußeren Verhältnisse der Angefochtenen sich noch gar nicht gewandelt haben. Worin gründet die Veränderung, wenn Anfechtung und Verfolgung, wenn Krankheit und Not nach wie vor bestehen und die Beter dennoch im Gebet eine Wende erfahren? Dann handelt es sich offensichtlich nicht um die *Abwendung* der äußeren Not, sondern um die *Hinwendung* des

Menschen zu seinem Gott – zu ihm selbst und zu ihm persönlich. Diese Äußerungen des Zutrauens und der Zuneigung, der Zuversicht und der Geborgenheit können sich inmitten der Klagen und Bitten finden. Sie können auch ganze Psalmen so zentral bestimmen, dass wir dann ausdrücklich von »Vertrauensliedern« sprechen.[36]

Hier besinnen sich die Beter auf das tiefe Geheimnis der Gottesbeziehung und auf das große Geschenk, das in der Gemeinschaft mit ihm selbst besteht (Psalm 4,8; 63,4). Gott wird nicht etwa nur als Helfer und Geber angesprochen, sondern als die Lebensgrundlage und Hilfe in Person. Gott erscheint nicht nur als »not-wendig«, weil er die Not wendet, sondern er wird für den Gläubigen mehr als notwendig. Er wird nicht nur *gebraucht*, sondern *geliebt*.

Somit bezieht sich die Frage nach Gott nicht länger nur auf sein Hören, Heilen und Helfen, sondern er wird ersehnt und begehrt, weil er selbst und in Person als die wahre und letzte Antwort erkannt wird. »Der Herr ist meine Freude und Wonne« (Psalm 43,4), »mein Heil« (18,3; 27,1.9; 62,8; 118,14), »meine Hoffnung« (62,2; 71,5), »mein Licht« (27,1; 36,10), »mein Fels« (18,3; 31,3 f.; 62,3.7 f.), »mein Schutz« (18,3; 59,10.17 f.)[37], »meine Stärke« (18,2; 28,7 f.; 46,2)[38], »meine Zuversicht und Zuflucht« (65,6; 71,5)[39].

Gibt es eine innigere und liebevollere Beziehung zu Gott? Können wir unsere Einschränkungen und Probleme auf eine überwältigendere Weise überwinden? Der Durchbruch liegt in der alles verändernden Erkenntnis: »Deine Gnade – das heißt die Gewährung deiner Gemeinschaft – ist mir wichtiger als mein eigenes Leben« (Psalm 63,4). Hier geht es nicht mehr nur um Gottes Gaben und Geschenke, sondern um Gott persönlich. Er selbst, der Geber, wird als das höchste Gut und wahre »Erbteil« erkannt (Psalm 16,5; 63,4)⁴⁰. Das höchste und letzte Ziel besteht nicht mehr in der leiblichen Gesundung, der Verbesserung der äußeren Umstände und dem irdischen Wohlergehen. Die tiefste Sehnsucht ist jetzt, Gott selbst, sein Angesicht und seine liebevolle Zuwendung zu schauen (Psalm 42,3; 63,3; vgl. Hiob 42,2.5).

Besonders eindrücklich ist diese Wende zu Gott selbst hin – inmitten aller Anfechtungen und Zweifel – in Psalm 73,23 ff. beschrieben. Denn in den 22 vorangehenden Versen berichtet der Beter von seiner Verzweiflung angesichts der Ungerechtigkeit in der Welt. Soll es denn ganz umsonst gewesen sein, dass er sich an Gottes Weisung ausrichten will und sein Herz rein zu halten sucht? Während er sich abmüht und plagt, sind ausgerechnet diejenigen, die Gott leugnen und sich von ihm und seinem Recht lossagen, glücklich in der Welt und werden reich. Angesichts dieser widersprüchlichen Wirklichkeits- und Welterfahrung kann der Angefochtene sich nicht in eine »heile Welt« flüchten – sondern er findet sein Heil in der Realität der Beziehung Gottes zu ihm und in Gott persönlich!

»Dennoch« – trotz all der widrigen Umstände, Spannungen und offenen Fragen – bleibt der, der seine Zuversicht auf Gott setzt, stets bei ihm. Diese Gewissheit gründet weder in seinem starken Willen noch in seiner eigenen Zuverlässigkeit. Hatte er sich doch gerade noch bei seinem Zweifeln unverständig wie ein »Narr« und wie ein »Tier« vor Gott verhalten und wäre beinahe gestrauchelt (Psalm 73,2.22). Die überwältigende Freude der bleibenden Gottesgemeinschaft bezieht sich nicht auf das eigene Festhalten, sondern auf das Gehalten- und Geführtwerden durch Gott: »Du hältst mich bei meiner Hand, leitest mich nach deinem Rat und nimmst dich meiner an.«

An diesen Gott zu glauben heißt nicht unbedingt, in jeder Hinsicht glücklich zu sein, sondern in Gottes Nähe zu finden, was einem noch wichtiger wird als das eigene Glück. Die eigentliche Veränderung erfährt der Verunsicherte durch die Erkenntnis der Nähe Gottes und durch die Gewissheit seiner Führung und Bewahrung. Die wesentliche Wende liegt also auch hier nicht in der Verbesserung der äußeren Umstände. Denn wer angesichts der Gegenwart Gottes einsichtig wird, der weiß um die Vergänglichkeit seiner irdischen Existenz und um die Hinfälligkeit seines Leibes und seines eigenen Lebens.

Was alles wendet, ist vielmehr die Rückbesinnung auf die ihn wirklich tragende Beziehung. Nicht um des eigenen Gewinns willen will er fortan an Gott glauben, sondern um Gottes willen, der als der eigentliche Gewinn erscheint. Er kann jetzt in Gott selbst sein wahres Glück erkennen und in der persönlichen Beziehung zu ihm seinen wirklichen Trost. Er findet seine Mitte in Gott! »Das ist meine Freude, dass ich dir vertrauen kann.«

Liegt die Lösung also vor allem darin, dass der Mensch seine eigene Begrenzung annimmt und seine Vergänglichkeit als eine unabwendbare letzte Wirklichkeit anerkennt? Das wäre viel zu wenig, im Gegenteil! Die neue Freude und Hoffnung gründen in der Erkenntnis, dass Gott den, der sich »dennoch« an ihn hält, niemals mehr aufgeben will – selbst wenn das irdische Leben vergeht. Am Ende wird er ihn vielmehr endgültig »in seine Herrlichkeit aufnehmen«, das bedeutet »entrücken«, wie es in Psalm 73,24 wörtlich heißt.

Was uns als Christen von der Auferstehung Jesu her als gewiss zugesprochen wird – dass wir einmal mit und durch Christus auferstehen werden –, das darf der Psalmbeter in der Gegenwart Gottes, des Vaters Jesu Christi, bereits erkennen und hoffen. Wie einst Henoch und Elia von Gott in seine Herrlichkeit entrückt wurden, um fortan bei ihm zu sein (1. Mose 5,24; 2. Könige 2,11), so wird der auf Gott Vertrauende bleibend von ihm gehalten und endgültig in seine Herrlichkeit aufgenommen werden: »Gott aber wird meine Seele erlösen von der Gewalt des Totenreichs; denn er wird mich entrücken und aufnehmen« (Psalm 49,16).

Wie sollte man angesichts einer solch überwältigenden Einsicht nicht mit Psalm und Chorus singen: »Nichts im Himmel, nichts auf Erden reicht, mein Trost, an dich heran. Das ist meine Freude, dass ich dir vertrauen kann.«

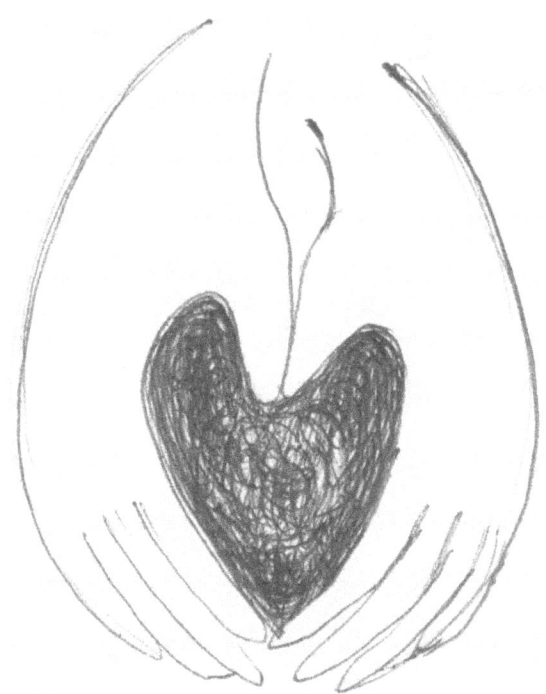

Du hälst mich

MÖGE GOTTES SEGEN MIT DIR SEIN

Refrain:
Möge Gottes Segen mit dir sein,
wohin du auch gehst,
was dir auch geschieht.
Seine Liebe lässt dich nicht allein.
Wenn du nur verstehst,
dass er mit dir zieht.

1. Sei gewiss, er wird dich leiten.
Gott sieht stets auf dich;
er wird dich behüten Tag und Nacht.
Seine Gnade weicht nicht von dir,
hat dich stets bewacht.
Er beschütze dich mit aller Macht!

2. Was will er durch dich bewirken?
Wohin führt dein Weg?
Wo und wie sollst du ein Segen sein?
Er, der dich beruft, ist bei dir
und steht für dich ein.
Alles, was er zusagt, ist schon dein.

3. Möge Christus dich beschenken,
mache er dich frei,
gebe er dir alles, was dich heilt.
In der Not sei er dein Retter,
der zur Hilfe eilt,
der sogar sein Leben mit dir teilt.

4. Ob wir uns bald wiedersehen
oder lange nicht,
einmal werden wir zusammen sein.
Lachend und erfüllt von Freude
stimmen wir dann ein
in ein neues Lied für ihn allein.[41]

»Möge Gottes Segen mit dir sein!« – Dies ist zunächst ein
Wunsch, ein guter Wunsch, der für den Angesprochenen Führung und Bewahrung, Erfüllung und Gelingen, Beziehungsreichtum und vollmächtiges Wirken erhofft. Es ist der gute
Wunsch, dass der, dem der Segenszuspruch gilt, selbst gesegnet
leben und sein Leben segensreich für andere entfalten kann.
So bedeutet der Begriff für »Segnen« in der Sprache des Neuen
Testaments, dem Griechischen, wörtlich übersetzt auch »gut
reden«, »Gutes sagen« (*eu-logein*). Wer segnet, sagt und wünscht
dem anderen nichts Böses und Lebensabträgliches – er verflucht
und verwünscht ihn nicht. Er spricht ihm vielmehr Gutes zu:
Lebenszuträgliches, Beziehungsförderndes und Heilvolles.
Zugleich ist der Zuspruch des Segens aber mehr als nur der
menschlich wohlgemeinte Wunsch, dass es dem anderen gut

gehen möge. Er hat eine tiefere Bedeutung als unser umgangssprachliches: »Ich wünsche dir alles Gute!« Der Bezug auf den »Segen *Gottes*« bringt den Wunsch und den so Gesegneten in Beziehung zu Gott. Ohne ihn wären die Worte vielleicht ein »frommer«, aber doch ein schwacher Wunsch.

Gewiss erleben wir wohlmeinende Worte eines uns zugewandten Menschen an sich schon als eine Wertschätzung und persönliche Ermutigung. Aber gerade in Situationen der Trauer und des Leids, der Krankheit und des Verlustes wird uns – als Tröstenden wie als Trostbedürftigen – immer wieder schmerzhaft bewusst, wie begrenzt unsere menschlichen Möglichkeiten sind, allein mit Worten zu helfen und zu heilen. Auch das bestgemeinte menschliche Trösten gerät uns bei tiefem Leid oft zum »billigen« Trost, der keine Linderung des Schmerzes hervorruft.

Was aber macht dann den Segenszuspruch mit Bezug auf Gott zu mehr als einem menschlichen Wunsch? Gewiss nicht eine religiöse Überhöhung der eigenen Möglichkeiten und noch weniger ein »magisches« Missverständnis der gesprochenen Worte, als handele es sich um einen »Zauberspruch«. Die Wirkung des Segens ist weder im Sprachakt an sich noch in bestimmten Formeln begründet. Der Segen bezieht seine Bedeutung und Vollmacht allein von der Liebe, Zuwendung und heilvollen Kraft des Gottes, auf den sich der Segen bezieht und in dessen Segenszusage er gründet.

So beruhen alle biblischen Segensformulierungen in Gottes eigener gnädiger und voraussetzungsloser Zuwendung und Zusage, die er erstmals Abraham gegenüber in dieser vorbehaltlosen und unbedingten Weise aussprach: »Ich will dich segnen … und du sollst ein Segen sein!« (1. Mose 12,1ff.). Gott selbst hat Abraham und seinen Nachkommen seine bewahrende, fördernde und heilvolle Begleitung zugesagt und sie in vielfachen Gefährdungen seiner Treue vergewissert (1. Mose 13,15; 17,4-8; 18,18; 22,17 f.).

Im Namen und Auftrag dieses erwählenden, erlösenden und sein Volk treu begleitenden Gottes sprachen später auch die Priester den Kindern Israel Gottes Beistand und Bewahrung zu: »Der Herr segne dich und behüte dich; der Herr lasse sein Angesicht leuchten über dir und sei dir gnädig; der Herr erhebe sein Angesicht über dich und gebe dir Frieden« (4. Mose 6,24).

In unüberbietbarer Weise wird Gottes reicher Segen dann in der Sendung seines eigenen Sohnes in diese Welt verwirklicht und durch das Evangelium wirksam zugesprochen und vermittelt. Jesus Christus gilt als Gottes Segen in Person! Er wird als Gottes »Ja« und Erfüllung all seiner Segensverheißungen erkannt (Römer 1,2-4; 15,8, 2. Korinther 1,20; Galater 3,14). Dabei gilt das Evangelium des zu unserem Segen gestorbenen und auferstandenen Herrn gleich in doppelter Hinsicht als »erfreuliche Nachricht« und »gute Botschaft«: Es gilt den Menschen in Gottes uneingeschränkter Liebe *bedingungslos* und es gilt voraussetzungslos *allen Menschen*. Der Glaube, in dem dieser Segen gehört und dankbar aufgenommen wird, ist nicht etwa die menschliche Vorbedingung für den Segen, sondern selbst bereits seine segensreiche Auswirkung. Der Glaube ist die Art und Weise, in der wir schon hier und jetzt mitten in dieser Welt und Vergänglichkeit an Gottes reichem Segen teilhaben dürfen.

So wundert es nicht, dass die ersten Christen mit Bezug auf die Auferstehung und Beauftragung durch ihren Herrn einander mit einem Segenswunsch begrüßten und verabschiedeten: »Gnade sei mit euch und Friede von Gott, unserem

Vater, und dem Herrn Jesus Christus!« (Römer 1,6) – »Die Gnade unseres Herrn Jesus Christus und die Liebe Gottes und die Gemeinschaft des Heiligen Geistes sei mit euch allen!« (2. Korinther 13,13). Oder um es mit dem vorliegenden Lied zu formulieren:»Sei gewiss, er wird dich leiten. Gott sieht stets auf dich; er wird dich behüten Tag und Nacht. Seine Gnade weicht nicht von dir, hat dich stets bewacht. Er beschütze dich mit aller Macht!«

Gibt es etwas Schöneres und Wichtigeres, als auf diese Weise gesegnet zu werden? Gibt es etwas Wertvolleres, als diesen Trost und diese Unterstützung zu erfahren? Gewiss brauchen wir und wünschen wir uns alle Gottes reichen Segen für uns persönlich. Aber was ist noch erfüllender, als gesegnet zu werden? Noch erfüllender ist es, als Gesegneter für andere Menschen von Gott zum Segen gebraucht zu werden. Denn unser wirkliches Heil und unsere wahre Bestimmung liegen nicht nur darin, selbst gesund, glücklich und reich zu werden, sondern uns in Gottes segnende Zuwendung zu den Menschen einbeziehen zu lassen. Es gibt kein größeres Glück, als sein Glück in Gott mit anderen zu teilen:»Was will er durch dich bewirken? Wohin führt dein Weg? Wo und wie sollst du ein Segen sein? Er, der dich beruft, ist bei dir und steht für dich ein. Alles, was er zusagt, ist schon dein.«

Wie sehr wir dazu seines persönlichen Beistands bedürfen, wird uns spätestens dann bewusst, wenn wir uns wirklich an dem Segen und der Liebe Jesu Christi orientieren, durch die wir selbst überwältigt worden sind:»Liebt eure Feinde; tut wohl denen, die euch hassen; segnet, die euch verfluchen; bittet für die, die euch beleidigen« (Lukas 6,27 f.; Römer 12,14.19-21). Die zu segnen – das heißt, in Beziehung zu Gott zu bringen –, die uns verfluchen, und die zu lieben – das heißt, mit den Augen Gottes zu sehen –, von denen wir Hass erfahren, das vermag wohl nur Jesus selbst in uns. Er »sagte Gutes«, als er Spott und Schmähungen zu hören bekam; er bat sogar noch im Sterben für die um Vergebung, die ihn kreuzigten (Lukas 23,34).

So bezeugt und verbreitet Jesus Christus die überwältigende Liebe seines Vaters in einer hasserfüllten und feindlichen Welt, indem er den Fluch der Menschen trägt. Er besiegt die Verurteilung durch den göttlichen Segen und überwindet das Böse mit Gutem (Römer 12,14.21). Ahnen wir jetzt, warum wir uns als Gesegnete des Herrn immer wieder gegenseitig seines Segens vergewissern? Verstehen wir nun, wie wichtig es ist, stets im Bewusstsein seiner Liebe und seiner treuen Begleitung und Hilfe zu leben?

»Möge Gottes Segen mit dir sein, wohin du auch gehst, was dir auch geschieht. Seine Liebe lässt dich nicht allein. Wenn du nur verstehst, dass er mit dir zieht. Sei gewiss, er wird dich leiten. Gott sieht stets auf dich; er wird dich behüten Tag und Nacht. Seine Gnade weicht nicht von dir, hat dich stets bewacht. Er beschütze dich mit aller Macht!«

Du in mir, ich bin dein

DU IN MIR, ICH BIN DEIN

Refrain:
Du in mir, ich bin dein.
Du für mich,
mit dir darf ich nun sein.
Uns trennt niemand auf der Welt,
weil mich deine Liebe hält.

1. Bist du für mich, wer mag dann
mir noch bleibend schaden?
Gegen dich kommt niemand an,
stehst du für mich ein.

2. Denn ich weiß, dass keine Macht,
weder Tod noch Leben,
dass kein Tag und keine Nacht
dich bezwingen kann.

3. Da du meine Hand erfasst,
will ich dich ergreifen;
weil du mich gefunden hast,
komme ich zu dir.

4. Bleibe bei mir, halte mich,
sonst bin ich verloren.
Was ich bin, bin ich durch dich;
was mich trägt, bist du.

5. Sollte ich dir untreu sein
und dich je vergessen,
greif in deiner Liebe ein!
Bleibe du dir treu![42]

Röm 8,1-39

Gibt es ein zweites Kapitel in der Bibel, in dem die Hoffnung
und Gewissheit der von Gott Geliebten und Gott Liebenden
so überschwänglich entfaltet wird wie im 8. Kapitel des Römer-
briefs? Hier fasst Paulus all seine beglückenden Erkenntnisse
zum Leben der an Christus Glaubenden (Römer 5–8) und
allein aus Gnade Gerechtfertigten (Römer 1–4) zusammen.
Kein Wunder, dass die hymnischen Ausführungen Dichter
und Komponisten seit jeher eingeladen haben, diese Worte des
puren Evangeliums immer wieder aufs Neue zu »verdichten« –
angefangen bei Paul Gerhardts »Ist Gott für, so trete gleich
alles wider mich« (1653) und Johann Sebastian Bachs Kantate
»Jesu, meine Freude« (BWV 227). So finden sich auch in dieser
Sammlung gleich zwei Lieder, die die Freude der unverbrüch-
lichen und in Gottes Liebe begründeten Gemeinschaft besingen. In »Nichts kann dich mehr trennen von dem, der dich
liebt«[43] wird diese Gewissheit der Treue Gottes einem Gegenüber ganz persönlich zugesprochen bzw. zugesungen. In dem
vorliegenden Lied »Du in mir, ich bin dein« handelt es sich um
ein persönliches und inniges Vertrauenslied – vergleichbar den
Vertrauensliedern der alttestamentlichen Psalmen.[44]
    »Du in mir, ich bin dein. Du für mich, mit dir darf ich nun
sein. Uns trennt niemand auf der Welt, weil mich deine Liebe

hält.« Schon im Refrain kommt die begeisternde Erkenntnis zum Ausdruck, dass der Glaube – neben allem »Für-wahr-Halten« und konsequenten Handeln – vorrangig eines ist: Beziehung! Der Glaube gründet in Gottes Liebe, die er uns in Christus erwiesen hat, und er besteht in der Beziehung, die Christus durch seine Lebenshingabe für uns eröffnet hat. Zu ihm – unserem »großen Bruder« – dürfen wir als Töchter und Söhne Gottes nun für immer gehören und durch seine Treue werden wir für Zeit und Ewigkeit in seiner befreienden und bereichernden Gemeinschaft sein. Schon hier und jetzt haben wir teil an all dem Heil, das er für uns bewirkt hat. Aber auch – oder besser: erst recht – dort und dann werden wir als »Miterben Christi« endgültig und vollkommen erkennen und genießen dürfen, was Gott uns zugedacht und geschenkt hat (Römer 8,14-17.28-39).

Dabei wird Christus in der Zeit zwischen seiner Auferstehung und seiner endgültigen Wiederkunft nicht etwa nur im Himmel – zur Rechten seines Vaters – gesehen, sodass die Gläubigen in dieser Zwischenzeit auf der Welt allein gelassen wären. Vielmehr lebt Christus zugleich in Gestalt seines Geistes in denen, die an ihn glauben, und befreit, belebt und leitet sie (Römer 8,9-11; vgl. 2. Korinther 13,3.5; Galater 2,20; 4,19).

»Da du meine Hand erfasst, will ich dich ergreifen; weil du mich gefunden hast, komme ich zu dir.« Was für viele eher ein Denkproblem darstellt, ist für Paulus und den Sänger dieses Liedes gerade die Grundvoraussetzung der Freude und Gewissheit. Wir sind nicht deshalb Gottes Kinder, weil wir zuerst und von uns aus Gott angerufen und an ihn geglaubt hätten, sondern wir können an Gott glauben und ihn anerkennen, weil er uns in seiner Liebe erwählt und berufen hat. Lange bevor wir nach ihm Ausschau hielten, hatte er uns schon im Blick. Schon lange bevor wir uns für ihn entschieden, hatte er sich bereits für uns entschieden und sich fest vorgenommen, uns an sein Ziel der ewigen Gemeinschaft mit ihm zu bringen. *Er* hat uns ausersehen, vorherbestimmt, berufen, gerechtfertigt und verherrlicht (Römer 8,28-30).[45]

Dem menschlichen Stolz mag es nicht gefallen, dass er nicht von sich aus und aus eigenem Verdienst die Gottesbeziehung eröffnet hat. Jeder, der Gottes Größe und Treue, aber auch die eigene Unzulänglichkeit und Unzuverlässigkeit einmal ahnen konnte, findet in diesen Erwählungsaussagen seinen ganzen Trost. Gott hält nicht zu mir, wenn und insofern ich ihn festhalte, sondern ich ergreife Gott und bleibe bei ihm, weil er mich ergriffen hat und hält. »Bleibe bei mir, halte mich, sonst bin ich verloren. Was ich bin, bin ich durch dich; was mich trägt, bist du.«

Warum ist es so wichtig, dass unser Glaube in Gottes Erwählung und Berufung gründet und nicht umgekehrt? Sagen wir es ganz persönlich: Dein *Glaube* mag dich manchmal verlassen, niemals aber dein Gott. Es mag fremden Einflüssen vorübergehend gelingen, *dir* deinen Herrn wegzunehmen, es wird ihnen aber nicht gelingen, *dich* deinem Herrn wegzunehmen. Es mag dir gelegentlich so vorkommen, als würdest du ins Bodenlose abstürzen, du wirst aber nicht tiefer fallen können als in die dich bergenden Hände Gottes. Es mag passieren, dass du vor lauter Sorge oder aus Übermut *Christus* aus den Augen verlierst, er wird *dich* aber immer liebevoll im Blick behalten und wie seinen eigenen Augapfel behüten. Wenn es je vorkommen sollte, dass du *ihm* und *dir* selbst einmal untreu wirst und ihn verleugnest, so bleibt er doch *dir* und *sich selbst* treu, denn er kann sich selbst nicht verleugnen (2. Timotheus 2,13).

Um es noch einmal lehrhaft zusammenzufassen: Nur wenn wir unseren Glauben tatsächlich als von Gottes eigenem Wort und Zuspruch erweckt verstehen können, ist es für uns auch möglich, Zuversicht und Gewissheit im Glauben zu gewinnen. Unser Glaube darf sich der Liebe und Zuwendung Gottes gewiss sein[46], denn er darf Gott »aufs Wort glauben«.

Der Unterschied zwischen einer berechtigten und für den Glauben unentbehrlichen »Heils*gewissheit*« – lat. *certitudo* – und einer oft kritisierten unangemessenen »Heils*sicherheit*« – lat. *securitas* – liegt nicht im Grad des Wissens und der Stärke der Überzeugung, sondern allein in deren *Begründung* und *Voraussetzung*. Es geht also nicht um die Frage, wie gewiss sich der Glaube sein darf, sondern allein darum, worauf sich die Glaubensgewissheit stützt.

Die Gewissheit gründet nicht im eigenen »Ergreifen«, sondern im »Ergriffensein« und »Gehaltenwerden« (Philipper 3,12), nicht im »Erkennen«, sondern im »Erkanntsein« (1. Korinther 8,3; 13,12; Galater 4,9). So ist auch der Unterschied zwischen einer berechtigten »*Gewissheit*« und einer unberechtigten »*Sicherheit*« klar zu bestimmen: Es geht um den Gegensatz von in Gottes Zuspruch begründeter »*Christus*gewissheit« und in Überheblichkeit gründender »*Selbst*sicherheit«. Der Gläubige selbst kann seine *eigene* Treue nicht für alle Zeiten garantieren, er hat aber die Verheißung, dass *Gott* ihm – und sich selbst – in Christus immer treu bleiben wird.

So ist die in Römer 8 wie in unserem Lied ausgedrückte Heilsgewissheit nicht Ausdruck eines – vermessenen oder begründeten – *Selbst*bewusstseins, sondern die Konsequenz unseres *Christusbewusstseins*! – »Du in mir, ich bin dein. Du für mich, mit dir darf ich nun sein. Uns trennt niemand auf der Welt, weil mich deine Liebe hält.«

ICH HÖRE MICH
NEUE LIEDER SINGEN

1. Ich hör mich neue Lieder singen
und seh mich neue Wege gehen,
und was mir leid und lästig wurde,
das will mir wie von selbst gelingen.

2. Als könnte ich die Hoffnung spüren,
bevor ich sie von ferne sehe;
als würde mich bereits beglücken,
was noch verborgen hinter Türen.

3. Im tiefen Winter Frühling ahnen,
selbst in der Nacht die Sonne fühlen,
noch frierend schon das Feuer hören –
muss da der Zweifel mich nicht mahnen?

4. Zwar kann ich noch nicht vor dir stehen,
doch spiegelt sich in meinen Augen
bereits die Zuversicht und Freude
all derer, die dich einmal sehen.[47]

Neben Glaube und Liebe gilt die Hoffnung als das dritte entscheidende Wesensmerkmal des christlichen Lebens. Die Zuversicht und die Vorfreude auf das Kommende waren für die ersten Christen so bestimmend, dass ihr Glaube insgesamt als »Hoffnungsreligion« bezeichnet werden kann. Dies ist umso bewundernswerter, als ihre äußeren Umstände meist von Schwierigkeiten und Verfolgung geprägt waren. Sie hatten nicht nur trotz, sondern sogar wegen ihres Glaubens Leiden auf sich zu nehmen.

Dennoch fällt es uns heute oft schwer, unseren Alltag im Licht einer erfüllenden Hoffnung zu sehen und zu gestalten. Wie sieht ein Hoffen aus, das sowohl die offenen Fragen unserer Zukunft aufnimmt als auch zugleich für das gegenwärtige Leben befähigt? Worin besteht die Besonderheit einer begründeten Hoffnung im Unterschied zu Illusion und optimistischem Wunschdenken und im Gegensatz zu Resignation und pessimistischer Mutlosigkeit?

Das Faszinierende an der Hoffnung ist, dass sie bereits positiv wirkt, bevor das freudig Erwartete eingetreten ist. Nicht erst ihre Erfüllung ist also eine Realität, sondern bereits die lebendige Hoffnung selbst. Sie vermag den Menschen sowohl zu allem als sinnvoll und zielführend Erkannten zu *motivieren*, wie sie auch die Kraft gibt, das Mühselige und Leidvolle der Gegenwart vom Ende her zu *relativieren*. So verleiht sie den Hoffenden die Fähigkeit, sich nicht in den Gefühlen und Erfahrungen des Hier und Jetzt zu verlieren, sondern sich vom Dort und Dann der Zusage und der Gewissheit her stärken und beflügeln zu lassen: »Als könnte ich die Hoffnung spüren, bevor ich sie von ferne sehe; als würde mich bereits beglücken, was noch verborgen hinter Türen.«

Was Hoffnung bedeutet und in unserem Leben verändern kann, wird uns anschaulich und verständlich, wenn wir uns an eigene Erfahrungen mit der Vorfreude auf ersehnte und erfreuliche Ereignisse in unserem Leben erinnern – sei es die Erwartung von Weihnachten als kleine Kinder, die Freude auf das beglückende Wiedersehen eines geliebten Menschen oder auch nur die Ausrichtung auf den kommenden Urlaub oder die Erfüllung eines lange gehegten Wunsches.

Vorfreude ist die Fähigkeit, vor Freude außer sich zu sein, obwohl der Grund zur Freude noch gar nicht bei einem ist. Vorfreude ist die Kunst, die angenehmen Folgen der Erfüllung schon real zu erleben, bevor sich die Voraussetzungen des Glücks überhaupt verwirklicht haben. Vorfreude ist eine bewegende Erfahrung, bei der die Wirkung der Ursache zuvorkommt! Wer das das erste Mal so grundlegend erfährt, der mag völlig überrascht sein und sich selbst nicht wiedererkennen: »Im tiefen Winter Frühling ahnen, selbst in der Nacht die Sonne fühlen, noch frierend schon das Feuer hören – muss da der Zweifel mich nicht mahnen?«

In der hoffnungsvollen Vorfreude erleben wir uns und unsere Wirklichkeit ganz neu und völlig anders als in unserem gewohnten Alltag. Wir mögen sonst vor allem von dem bestimmt sein, was wir unmittelbar erfahren und fühlen, was uns in unserem Leben belastet und einschränkt. In der Hoffnung aber können wir – trotz all dieser Vorbehalte unserer Gegenwart – über unsere Situation hinausblicken und uns bereits von der zukünftigen Erfüllung und Erlösung her bestimmen und motivieren lassen. Oder um es mit den Worten des Liedes zu formulieren: »Ich hör mich neue Lieder singen und seh mich neue Wege gehen, und was mir leid und lästig wurde, das will mir wie von selbst gelingen.«

Auf diese Weise genießen die Hoffenden schon gegenwärtig das Glück der zukünftigen Erfüllung, von der Hoffnungslose nicht einmal ahnen, dass sie kommen wird. Denn Hoffende sind schon zu Beginn so zuversichtlich, wie es sich vom guten Ende her als begründet erweist. Sie haben das Leben vor sich.

Man könnte auch sagen, dass für die Hoffenden die Uhr rückwärtsgeht; denn ihre Zeit läuft nicht ab, sondern an. Im Gegensatz zu manchem Vorurteil macht eine echte und lebendige Hoffnung somit weder diesseitsflüchtig noch todessüchtig, sondern lebenstüchtig. Eine Hoffnung aber, die unsere Gegenwart nicht tief greifend verändert, ist noch nicht wirklich aus der Zukunft bei uns angekommen. Denn da, wo Hoffnung einkehrt, verwandelt sie die Gegenwart.

Gilt all das in Lied und Auslegung so positiv Entfaltete auch von jeder Form von Wunschdenken und unrealistischer Erwartung – unabhängig davon, ob es dann eintritt oder nicht? Ist es letztlich egal, ob wir uns von einer berechtigten *Hoffnung* oder von einer unbegründeten *Illusion* leiten lassen, wenn es uns nur tröstet und motiviert? So ähnlich uns beide – die Hoffnung und die Illusion – auf den ersten Blick erscheinen mögen, so unterschiedlich sind sie doch im Blick auf ihren Charakter zu beurteilen.

Die Illusion ist nicht etwa die Freundin der Hoffnung, sondern ihre Gegnerin. Denn die Illusion ist nicht die Vorstufe, sondern das Gegenteil von echter Hoffnung. Während die begründete Hoffnung die Hoffenden ermutigen und sie begeisternd zur Erfüllung führen kann, bringt die Enthüllung der Illusion lediglich Entgeisterung und Enttäuschung. Es ist unklug und hoffnungslos, seine Zukunft auf Täuschungen und unwirkliche Wunschbilder gründen zu wollen. Aber es ist weise und vielversprechend, bereits die Gegenwart von dem her zu gestalten, was sich zukünftig als real und gültig erweisen wird. Die Lebenskunst scheint darin zu bestehen, die ungleichen Schwestern Hoffnung und Illusion im eigenen Leben unterscheiden zu lernen – und sich dann an der richtigen zu orientieren.

So haben Christen von Anfang an den Grund ihrer Hoffnung darin gesehen, dass Gott selbst in der Auferweckung des gekreuzigten Jesus seine verheißene Zukunft bereits gegenwärtig eröffnet hat und dass der auferstandene Sohn Gottes in seinen Erscheinungen sein Wiederkommen und die Vollendung seines Wirkens verbindlich zugesagt hat. Christen schauen ihrem gestorbenen Herrn nicht *nach* – und haben das Nachsehen. Sie blicken vielmehr dem Wiederkommen des bereits Auferstandenen *entgegen* und behalten das Wiedersehen im Blick. Sie gehen ihrer ersehnten endgültigen Erlösung in der Hoffnung entgegen und singen schon mitten in der alten Welt ihre neuen Lieder. In Vorfreude reflektieren sie bereits heute das Vertrauen und Versöhntsein derer, die von Gottes Liebe und Güte überwältigt sein werden: »Zwar kann ich noch nicht vor dir stehen, doch spiegelt sich in meinen Augen bereits die Zuversicht und Freude all derer, die dich einmal sehen.«

Ich hör mich neue Lieder singen

WAS DU GABST

1. Was du gabst, sprach doch von dir –
als ein Ausdruck, nur ein Wort;
was mich stets an dich verwies,
nahmst du schweigend wieder fort.

2. Wenn ich dir vertrauen will,
warum hab ich mich gewehrt?
Kann ich denn vergessen, dass
deine Liebe leiden lehrt?

3. Warum zweifle ich an dir?
War, was ich verlor, nicht dein?
Mehr noch als dein Geben muss
auch dein Nehmen Liebe sein.

4. Wenn es deine Größe war,
die ich im Geschenk gesehn,
habe ich nur einen Wunsch,
dir gefallen, dich verstehn.[48]

1. Mose 22,1-19

Es gibt Zeiten in unserem Leben, da können wir Gottes Liebe ganz unmittelbar erfahren und klar erkennen. Wir erleben die Schönheit der Schöpfung und wir freuen uns an den Geschenken unseres Schöpfers. Wir genießen unser eigenes Glück und die Personen, die uns lieben – unsere Familie und Freunde. Wir freuen uns an den Menschen, die wir lieben, und blicken zuversichtlich auf das Leben, das vor uns liegt.

Aber es gibt auch Zeiten, in denen wir die Spur des Segens und die Zusage der Liebe Gottes nicht mehr so ungebrochen an unserem eigenen Lebensweg ablesen können. Wenn wir loslassen müssen, was uns als Geschenk Gottes so wichtig wurde, steht unser Glaube vor einer ganz neuen Herausforderung. Wenn uns plötzlich genommen wird, was uns den Geber aller Gaben so lieb gemacht hat, dann müssen wir das Vertrauen zu unserem himmlischen Vater auf eine ganz neue Weise einüben. »Was du gabst, sprach doch von dir – als ein Ausdruck, nur ein Wort; was mich stets an dich verwies, nahmst du schweigend wieder fort.«

Eine biblische Überlieferung, die diese Bewährungsprobe wie kaum eine andere zum Ausdruck bringt, ist die von der »Opferung des Isaak« in 1. Mose 22,1-19. Was hier in einer beklemmend eindringlichen Weise beschrieben wird, erscheint für den Unglauben wie auch für einen noch unbewährten Glauben einfach nur als anstößig und rätselhaft. Für einen erwachsen werdenden und reifenden Glauben aber scheint hier das Geheimnis der Wahrheit und Wirklichkeit des Lebens und der Größe und Realität Gottes und seiner Liebe auf.

Abraham sieht sich unvermittelt in der Situation, den Menschen loszulassen und zu »opfern«, der ihm mehr als alle anderen Menschen bedeutet: »Isaak, deinen Sohn, den einzigen, den du lieb hast« (1. Mose 22,2). Das Unbegreifliche des Geschehens liegt darin, dass es Gott selbst ist, der das Unfassbare von ihm fordert. Sein Sohn Isaak verkörpert für Abraham – wie nichts anderes auf der Welt – Gottes Treue und Güte, seine Größe und Liebe, seinen grenzenlosen Segen. Er ist das Geschenk der Verheißung Gottes und der Ausdruck seiner Liebe. Er ist der Erweis dafür, dass Gott das, was er zusagt, auch selbst verwirklicht und das, was er verspricht, in jedem Fall hält – ungeachtet aller vordergründigen Wahrscheinlichkeiten und menschlichen Möglichkeiten.

Isaak ist für Abraham das sichtbar gewordene Wort Gottes an ihn. Wenn er ihn anschaut, sieht er Gottes Güte verkörpert. Wenn er an ihn als Gottes Gabe denkt, wird er unwillkürlich an Gott als den Geber verwiesen. Aber kann er umgekehrt auch noch an Gott selbst denken, ohne dafür von Isaak abhängig zu sein? Er sieht in der Schönheit und Größe des Geschenkes die Größe und Liebe des Gebers. Aber bezieht sich seine Liebe wirklich auf Gott selbst und auf ihn persönlich? Oder liebt er Gott nur um der guten Gaben und der eigenen Vorteile willen?

Wir mögen diese Erzählung in 1. Mose 22 vielleicht aus der Bibel streichen wollen, weil hier von einem Gott berichtet wird, der etwas unmenschlich Grausames von einem Vater verlangt. Aber damit hätten wir das Problem nicht gelöst. Denn Menschen machen diese Erfahrung des Verlustes eines über alles geliebten Menschen wirklich und unumgänglich in diesem Leben. Ob durch Trennung oder Enttäuschung, ob durch Krankheit oder Unfall – die Erfahrung der Vergänglichkeit und des Verlustes ist für uns als sterbliche Menschen unausweichlich.

Nun mögen wir einwenden, dass bei Krankheit, Unfall und Verlust Gott nicht unmittelbar als der Verursacher gedacht werden muss. Handelt es sich doch oft erkennbar um menschliches Versagen und menschliche Schuld, die den Schmerz ausgelöst haben. Für Leidtragende stellt sich die Frage nach Gottes Liebe und Barmherzigkeit aber gleichwohl und grundsätzlich, da Gott das Leid offensichtlich zugelassen und nicht abgewendet und verhindert hat. Wir können auch gerade umgekehrt formulieren, dass es dem Glauben wichtig ist, keine Situation und nichts ohne Gott denken und erleben zu müssen. Es tröstet uns in unserer Trauer, wenn wir das, was wir lieben und was unser Leben erfüllt, nicht einfach entrissen bekommen, sondern dem anvertrauen können, der selbst das Leben und die Liebe ist.

Ob wir Gott und der Zusage seiner unbedingten Liebe vertrauen, erweist sich somit weniger in den Phasen der Bestätigung und des unmittelbaren Erlebens seiner Zuneigung, sondern gerade in den Phasen des Nichterlebens und der Anfechtung. Wer liebt, weiß, dass Liebe auch leiden lehrt; denn Vertrauen, Zuneigung und Offenheit machen verletzlich. Wer glaubt, will sich nicht auf seine eigenen Möglichkeiten und auf seine aktuellen Erfahrungen beschränken. Der Glaubende will sich an den halten, den er nicht sieht, als sähe er ihn. Er weiß grundsätzlich, dass Gottes Realität nicht auf die eigene Wirklichkeitswahrnehmung begrenzt werden darf: »Wenn ich dir vertrauen will, warum hab ich mich gewehrt? Kann ich denn vergessen, dass deine Liebe leiden lehrt?«

Ob wir den Geber selbst lieben oder nur seine Geschenke, wird beim Verlust der Gaben deutlicher als beim Empfangen. Vertrauen wir auf Gottes Treue und Zuverlässigkeit, dann können wir gewiss sein, dass er uns in unserem Leiden nicht etwa fallen lässt, sondern uns noch näher ist als je zuvor. Denn einem Liebenden fällt es viel leichter, erkennbar Gutes zu tun, als die Geliebten durch ein notwendiges, aber zunächst unverständliches Verhalten zu irritieren. »Warum zweifle ich an dir? War, was ich verlor, nicht dein? Mehr noch als dein Geben muss auch dein Nehmen Liebe sein.«

Wenn wir uns geliebt wissen, dann können wir auch hoffen. Wenn wir hoffen können, dann können wir auch vertrauen. Wenn wir vertrauen können, dann können wir auch loslassen; und erst wenn wir loslassen, können wir auch Neues ergreifen. Die Kraft, die uns loslassen lässt, bevor wir ergreifen, und die uns hoffen lässt, bevor wir sehen, ist das Vertrauen.

Nun ist die überraschende Wende im Fall des Glaubens Abrahams an Gottes gute Vorsehung, dass er die von ihm geliebte Gabe gar nicht endgültig loslassen muss, sondern neu empfängt. Im Nachhinein erweist sich, dass Gott einen guten Ausgang vorbereitet hat, den Abraham zuvor weder ahnen noch ermessen, sondern Gott nur zutrauen konnte: »Gott wird sich ersehen ein Schaf zum Brandopfer« (1. Mose 22,8). Es ist ein tiefes Geheimnis, aber keineswegs ein Rätsel, dass Gott uns gerade das anvertrauen will, was wir ihm loslassen. Er schenkt uns, was wir ihm geben, und er segnet, was wir ihm überlassen. Das gilt für all das, was wir haben und können, vor allem aber für uns selbst und für das, was uns besonders wertvoll ist. »Ich will dein Geschlecht segnen und mehren wie die Sterne am Himmel und wie den Sand am Ufer des Meeres … und durch dein Geschlecht sollen alle Völker auf Erden gesegnet werden« (1. Mose 22,17 f.).

Für uns als Christen hat diese Erfahrung des Loslassens in der Beziehung und des Leidens aus Liebe noch eine Tiefendimension, die unser Nichtverstehen und zweifelndes Fragen unwillkürlich in ein vertieftes Erkennen und überwältigtes Staunen überführt. Was Gott von Abraham gerade nicht forderte und für uns Menschen ein für alle Mal ausgeschlossen hat[49], das erfüllte er selbst. Während er Abraham schonte, hat er sich selbst nicht geschont (Römer 8,32). Er ließ seinen einzigen, geliebten Sohn um der Erlösung der Menschen willen los. Er ließ ihn auf diese Welt kommen, wohl wissend, dass Hass und Verfolgung, Verurteilung und Hinrichtung durch die Menschen auf ihn warteten. Den Preis für die Erfüllung der überwältigenden Segensverheißung an Abraham zahlte er selbst, indem er seinen Sohn zu den »Völkern auf Erden« sandte. Der Vater ließ seinen Sohn den von ihm bejahten Weg der Liebe gehen, obwohl beide wussten, dass sie nicht vor dem Leiden, sondern erst nach dem überwundenen Loslassen und Leiden neu zusammen sein würden. – »Wenn es deine Größe war, die ich im Geschenk gesehn, habe ich nur einen Wunsch, dir gefallen, dich verstehn.«

NICHTS KANN DICH MEHR TRENNEN

Refrain:
Nichts kann dich mehr trennen von dem, der dich liebt,
weil er doch aus Liebe alles für dich gibt!

1. Wer kann dich verklagen, wenn Gott für dich ist,
der sein Wort des Freispruchs niemals mehr vergisst?

2. Wer will dich verstoßen? Christus steht dir bei!
Wenn er für dich eintritt, bist du bleibend frei.

3. Wir sind seine Kinder, Erbe sollst du sein,
mach nicht durch dein Zweifeln seine Liebe klein!

4. Gott hat dich gerufen, und er lässt dich nicht,
bis du das erfüllt siehst, was er dir verspricht.

5. Nicht einmal im Sterben bist du mehr allein,
der für dich gestorben, wird dein Leben sein.

6. Weder Tod noch Leben, weder Angst noch Leid,
Hohes nicht noch Tiefes, weder Raum noch Zeit.

7. Sollt ich den nicht lieben, der mich so geliebt,
dem nicht alles geben, der mir alles gibt?[50]

Röm 8,28-39

»Wer sollte Anklage erheben gegen die Auserwählten Gottes? Gott ist es, der gerecht erklärt und freispricht! Wer sollte zum Tode verurteilen? Christus Jesus, der – für uns – Gestorbene, ja mehr noch der Auferstandene, er ist zur Rechten Gottes, und er tritt für uns ein! Wer sollte uns von der Liebe Christi trennen können? Trübsal oder Bedrängnis oder Verfolgung oder Hunger oder Blöße oder Gefahr oder Schwert? … Aber in dem allen tragen wir einen überwältigenden Sieg davon und triumphieren durch den, der uns geliebt hat. Denn ich bin völlig gewiss, dass weder Tod noch Leben, weder Engel noch Gewalten, weder Gegenwärtiges noch Zukünftiges – noch Mächte, weder Höhe noch Tiefe, noch irgendeine andere Kreatur uns trennen kann von der Liebe Gottes, die in Christus Jesus ist, unserem Herrn« (Römer 8,33-35.37-39).

Wie ist es möglich, dass sich der Apostel Paulus und mit ihm die frühen Christen auf das Kommen ihres Herrn so überschwänglich freuen, wenn sie ihn doch zugleich als den gerechten Richter erwarten? Wie können sie sich im Leiden damit trösten und in ihrem alltäglichen Tun davon motivieren lassen, dass auch sie als Glaubende einmal vor seinen Richterstuhl treten werden, um ihr Urteil aus seinem Mund zu empfangen?

Das Geheimnis liegt nicht etwa in der Vollkommenheit und Unfehlbarkeit oder gar in der völligen Selbstverkennung der ersten Christen – sie wissen sehr wohl um ihre eigene Unzulänglichkeit und ihr Angewiesensein auf Vergebung. Was sie so zuversichtlich sein lässt, ist die Gewissheit, die ihnen durch das Evangelium als der »guten Nachricht« Gottes zugesprochen worden ist. Sie kennen den endgültigen Ausgang des Gerichtes schon jetzt. Ihnen ist das abschließende, positive Urteil Gottes bereits im Voraus zugesagt worden, sodass sie darauf vertrauen dürfen.

Auch sie werden freilich angesichts der überwältigenden Liebe Gottes wahrnehmen, dass ihr eigenes Leben weit hinter den Entfaltungsmöglichkeiten und persönlichen Aufgaben zurückgeblieben ist. Auch sie werden – noch bevor irgendjemand Anklage erheben könnte – sich selbst vor Gott schuldig bekennen. Denn wer Gott sieht, wie er wirklich ist, der hört auf, sich selbst zu rechtfertigen und sich herauszureden. In Anbetracht der Wahrheit in Person wird sich kein Mensch mehr selbst belügen.

Wie aber können sich dann die Glaubenden auf den Richter freuen, wenn sie jetzt schon wissen, dass auch sie nach ihrem gelebten Leben vor ihm nicht bestehen werden? Diejenigen, die sich auf das Evangelium von Jesus Christus verlassen, wissen, dass sie nicht infolge ihrer eigenen Gerechtigkeit gerechtfertigt sind, sondern allein aufgrund der Gerechtigkeit Gottes. Denn Gott zeigt sich nicht nur in Hinsicht auf sein eigenes Denken und Tun als treu und gemeinschaftsbezogen, sondern er kommt auch noch für die Rechtfertigung der Ungerechten auf. Er erweist seine Gerechtigkeit darin, »dass er selbst gerecht ist und dass er den an Jesus Glaubenden gerecht macht« (Römer 3,26). So offenbart er sich als der Gott, »der die Gottlosen rechtfertigt« (Römer 4,5). Sein Sohn wird am Kreuz, was die Seinen ohne ihn sind: Sünder, damit sie durch ihn werden, was er ist: Gerechte, das heißt aus der Gerechtigkeit Gottes Lebende (2. Korinther 5,21). Für sie ist Christus in Person zu ihrer Gerechtigkeit geworden (1. Korinther 1,30).

Die im Glauben Gerechtfertigten wissen, dass auch sie – gemessen an der Liebe selbst – von Gott als gerechtem Richter nur überführt und verurteilt werden könnten. Ihre Zuversicht beruht allein darin, dass der Richter schon vor jenem Tag zugesagt hat, sie als Schuldige und zu Recht Verurteilte endgültig und vollkommen zu *begnadigen*. Um der Liebe willen, die er in dem Kommen seines Sohnes erwiesen hat, spricht er sie unbedingt und wirksam *frei*. In seiner Treue spricht er sie von den Folgen ihrer eigenen Untreue *los*. Er *spricht* sie *gerecht*, indem er sie von sich aus und in seiner Vollmacht gerecht *macht*. Sein abschließendes, erlösendes Urteil: »Du bist gerechtfertigt!«, beschreibt also nicht, was der Mensch *von sich aus* ist, sondern es spricht dem Menschen im Glauben zu, was von sich aus nur *Christus* ist. Seine Zusage: »Du bist frei!«, stellt die Freiheit des Angeklagten nicht *fest* – sondern zuallererst *her*!

Wer sollte dann die Glaubenden noch verklagen können? Personen und Gründe gäbe es dazu wohl genug – aber *Gott selbst* ist es, der sie begnadigt und freispricht. Wer könnte sie noch verdammen? *Gottes eigener Sohn*, der sogar sein Leben in Zuwendung zu den Menschen am Kreuz gelassen hat und der nun als der Auferstandene zur Rechten Gottes steht, tritt für sie ein. Sie haben einen Richter, der sein Urteil der Begnadigung rechtsgültig ausspricht. Zugleich haben sie einen Fürsprecher, der mit seinem ganzen Einsatz für den Freispruch aus Gnaden plädiert.

Hat Gott, der Vater, vor dem Eingreifen Jesu Christi seine Menschen nicht geliebt? Musste der Sohn etwa den Vater erst umstimmen? Im Gegenteil, es war gerade der Vater, der von sich aus seine Propheten und Apostel, ja sogar das für ihn Wertvollste, seinen eigenen Sohn, in die Welt sandte. Die Liebe geht vom Vater aus! Und in ihrem gemeinsamen Anliegen, die Menschen für die vollkommene Gemeinschaft in Frieden und Gerechtigkeit zu gewinnen, stehen sich beide in nichts nach: Der Richter spricht sie um der Hingabe seines Sohnes willen geschenkweise frei, und der Anwalt und Verteidiger tritt unter Berufung auf die Barmherzigkeit seines Vaters mit seinem Plädoyer für sie ein. Während der Sohn sich angesichts aller Anklagen schützend vor sie stellt, wendet sich ihnen der Vater selbst fürsorglich und liebevoll zu.

Wenn aber nach dem Evangelium Richter und Verteidiger beide zugleich zu demselben Urteil kommen, wenn uns Gott, der Vater, um Christi willen gerecht spricht, während sein Sohn unter Bezug auf die Treue seines Vaters für unseren Freispruch plädiert, dann gründet die überschwängliche Freude der Glaubenden in der Gewissheit, dass Gott sich im Gericht zu unseren Gunsten sogar noch selbst zuvorkommt![51]

Darin allein gründet die frohe Gewissheit und verbindliche Zusage des Evangeliums: »Nichts kann dich mehr trennen von dem, der dich liebt, weil er doch aus Liebe alles für dich gibt!«

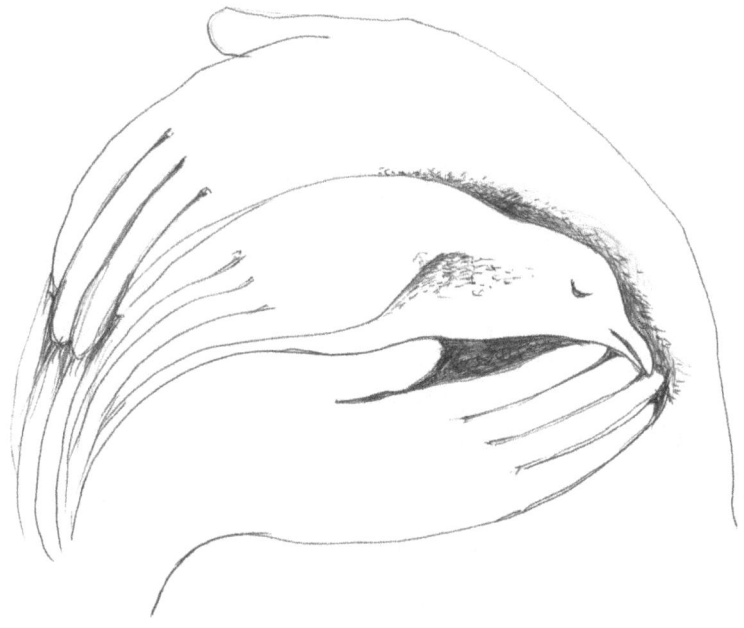

Gottes Friede sei mit dir

GOTTES FRIEDE SEI MIT DIR

Refrain:
Gottes Friede sei mit dir,
dass er jetzt und hier
schützend bei dir sei!
Deine Wege geh er mit,
und bei jedem Schritt
stehe er dir bei!

1. Er, dein Leben, deine Kraft,
der dir Recht und Hilfe schafft,
sei dir Stärke und Licht,
dein Heil verlässt dich nicht.

2. Seine Engel sendet er,
um dich sei ein ganzes Heer,
tragen dich in der Not,
wenn dir ein Übel droht.

3. Deine Hilfe kommt vom Herrn,
der dich schuf, er hilft dir gern.
Er behüte vor Leid
nun und in Ewigkeit.[52]

Joh 16,33; 20,19.21; Ps 18; 91; 121

Der »Friedensgruß« als Wunsch und Zuspruch des Friedens Gottes an geliebte und wertgeschätzte Menschen zur Begrüßung oder zum Abschied bestimmt die christliche Gemeinschaft seit ihren Anfängen. So grüßt Paulus sowohl zu Beginn wie zum Abschluss seiner Briefe mit der Zusage des Friedens Gottes, wie er uns durch Jesus Christus eröffnet und geschenkt worden ist: »Gnade sei mit euch und Friede von Gott, unserem Vater, und dem Herrn Jesus Christus!« (Römer 1,7) – »Der Gott aber des Friedens sei mit euch allen!« (Römer 15,33). Will der Apostel zusammenfassen, was uns durch Christus in Versöhnung, Rechtfertigung und Glauben als neues Leben geschenkt worden ist, dann formuliert er: »Wir haben Frieden mit Gott« (Römer 5,1).

Nun ist der wechselseitige Wunsch des »Friedens« – des »Schalom« – schon alttestamentlich-jüdisch eingeführt. Und die Erwartung des endzeitlichen Gottesreichs ist in den alttestamentlichen Verheißungen vielfach und zentral mit dem Motiv des umfassenden und heilvollen Friedens verbunden (Jesaja 9,6; 52,7; 54,10; 57,19). Der von Gott geschenkte Sohn, der von ihm die Herrschaft übertragen bekommt, soll den Namen »Friede-Fürst« tragen (Jesaja 9,6); und die gute und heilvolle Nachricht: »Dein Gott ist König«, wird von den »Freudenboten« – den »Evangelisten« – von den Bergen her ausgerufen, indem sie Gottes »Frieden verkündigen« (Jesaja 52,7). Denn »der Bund meines Friedens«, so sagt es Gott seinen Menschen zu, »soll nicht hinfallen« – selbst wenn Berge weichen und Hügel hinfallen sollten (Jesaja 54,10). Gott will die Seinen umfassend heilen, wo immer sie auch sein mögen: »Friede, Friede denen in der Ferne und denen in der Nähe, spricht der Herr« (Jesaja 57,19).

Auf die Erfüllung dieser Friedensverheißung Gottes kommt Jesus nach dem Johannesevangelium ausgerechnet in der Situation zu sprechen, in der er sich von seinen Jüngern verabschieden muss, weil sein Leiden und seine Lebenshingabe aus Liebe für die Seinen unmittelbar bevorstehen: »Den Frieden lasse ich euch, meinen Frieden gebe ich euch. Nicht gebe ich, wie die Welt gibt. Euer Herz erschrecke nicht und fürchte sich nicht« (Johannes 14,26). So sehr sie fortan von ihm getrennt sein werden und ihn nicht wie bisher unmittelbar sehen und berühren können, so sehr lässt er sie nicht verlassen in Angst, Furcht und Erschrecken zurück. Er hinterlässt ihnen zum Abschied die Gabe »seines Friedens«. Dieses Geschenk ist nicht ein gut gemeinter Wunsch, sondern die Wirklichkeit der liebevollen Einheit und harmonischen Gemeinschaft mit seinem himmlischen Vater. Jesus nimmt die Seinen in die einzigartige Beziehung der Liebe, der Zuwendung und gegenseitigen Wertschätzung hinein, die er selbst als der Sohn Gottes schon immer mit Gott hatte und die er jetzt in der Situation der Anfechtung und des Leidens treu bewies.

Dass dieser Friede etwas ganz anderes und Neues ist, wird durch seine eigene Abgrenzung deutlich: »Nicht gebe ich, wie die Welt gibt.« »Befrieden« und »Frieden bringen« konnte damals politisch auch als beschönigende Umschreibung der Unterwerfung und Unterdrückung anderer Völker verwendet werden. Jesus aber unterwirft die Menschen nicht durch Gewalt, sondern er überwältigt sie durch seine zur Selbsthingabe bereite Liebe. Er gewinnt sie durch die Einbeziehung in die liebevolle Gemeinschaft, die der himmlische Vater und sein Sohn selbst noch in der größten Herausforderung dieser äußeren Trennung und Leidensanfechtung vollkommen leben.

Damit wird zugleich deutlich, dass dieser Friede, den Jesus gibt, einerseits viel mehr ist als nur äußerer »Waffenstillstand« in einer angespannten Situation, andererseits aber auch viel mehr als der eigene »Seelenfriede«, den ein Mensch für sich selbst und allein suchen mag. »Friede« ist biblisch ein Beziehungsbegriff wie »Liebe«. Der Friede, den Jesus gibt, ist eine versöhnte, lebendige und tragende Beziehung – nicht nur ein äußerer Zustand oder ein inneres Gefühl.

Diese tragende Gemeinschaft und ermutigende Beziehung besteht nun nicht nur in der Zeit der äußeren Bestätigung und des unangefochtenen Wohlergehens, sondern sie trägt mit der Kraft der Liebe gerade auch in den Zeiten der »Angst« – der Anfechtung und Anfeindung, des Leidens und der Not. »In ihm« – das heißt in seiner Gemeinschaft, durch seine Begleitung und in seinem Schutz – sollen die Glaubenden schon hier und jetzt den verheißenen Frieden als Gemeinschaft erleben. Im Unterschied zu Jesus selbst werden die Seinen weiterhin noch auf der Erde bleiben und die Einschränkungen dieser gottfeindlichen und lebensgefährdenden Welt erfahren. Aber in ihm geborgen, auf ihn vertrauend und in ihm gelassen dürfen sie sich schon gegenwärtig ganz von der Beziehung seiner Liebe her verstehen, die diese Welt bereits besiegt hat. »Das habe ich mit euch geredet, damit ihr in mir Frieden habt. In der Welt habt ihr Angst; aber seid getrost, ich habe die Welt überwunden« (Johannes 16,33).

Gerade weil dieser Friede Jesu eine himmlische Realität mitten in der angefochtenen Wirklichkeit dieser Welt ist, bedürfen wir, bedurften die ersten Jünger immer wieder der Erinnerung an das Bleibende und der Vergewisserung der Wahrheit. So grüßt der auferstandene Jesus seine von Angst und Trauer verstörten Jünger bei seiner überwältigenden Erscheinung am Ostersonntag mit ebendieser Friedenszusage, die er ihnen bei seinem Abschied gab: »Friede sei mit euch!« (Johannes 20,19). Es ist der Friede der uneingeschränkten und gewissen Gottesbeziehung, die Jesus selbst mit seinem Vater hat und in die die Glaubenden nun mit einbezogen werden: »Friede sei mit euch! Wie mich mein Vater gesandt hat, so sende ich euch!« (Johannes 20,21).

Nun finden sich in der weiteren Ausführung des vorliegenden Liedes Vertrauensaussagen und Segenszusagen in der Sprache der Psalmen. So in der 1. Strophe: »Er, dein Leben, deine Kraft, der dir Recht und Hilfe schafft, sei dir Stärke und Licht, dein Heil verlässt dich nicht« (Psalm 18,2 f.29-31). Die 2. und die 3. Strophe zitieren dann Heilszusagen in Anlehnung an Psalm 91 und 121. Dies hat einen tieferen Sinn. Schon die Psalmen selbst sind ein lebendiges Zeugnis für das Ringen der auf Gott Vertrauenden und auf seine Gnade und Treue Hoffenden – und zwar inmitten von Leiden, Anfechtungen und Unrechtserfahrungen. Die Psalmbeter finden ihren Frieden in der *Realität der Gottesbeziehung* – selbst da, wo die *Wirklichkeit dieser Welt* weiterhin feindlich und unerlöst erscheint.

Jesus selbst hat als letztes gemeinsames Gebet mit seinen Jüngern in der Nacht des Verrats und seiner Auslieferung mit den Worten der Psalmen gebetet und sein eigenes Leiden mit dem Trost der Psalmen ertragen. Denn zum Abschluss der gemeinsamen Passahfeier, bei der er das Mahl des Neuen Bundes stiftete, beteten sie gemeinsam den »Lobgesang« (Markus 14,26), das heißt nach der Liturgie der Passahfeier die Psalmen 113–118. Nicht nur die Erzählungen der vier Evangelisten von Jesu Kreuzigung, sondern auch die Worte Jesu am Kreuz bezeugen: Gerade auf den leidvollen Wegen gewinnen die Betenden Trost, Hoffnung und Zuversicht in den Psalmen.

In deren klagenden, bittenden und vertrauensvollen Worten erfahren sie schon hier und jetzt Versöhnung und Friede mit Gott und in Gott.[53]

Ohne dass die Umstehenden bei der Kreuzigung Jesu es ahnen konnten und bevor Jesus selbst es in dem Erleben der Verlassenheit und des Dahingegebenseins fühlen und erfahren durfte, galt die Aussage des Refrains ihm, dem Gekreuzigten, selbst: »Gottes Friede sei mit dir, dass er jetzt und hier schützend bei dir sei! Deine Wege geh er mit, und bei jedem Schritt stehe er dir bei.« Dass der Friedensgruß im Namen Gottes mehr ist als nur Wunsch und Trost eines Menschen, hat sich dann in der Auferweckung Jesu erwiesen. Hier hat der Vater seinerseits überwältigend die Treue und Macht seines Friedens – seiner heilvollen und zugewandten Gemeinschaft – bewiesen.

EIN NACHKLANG: AM ANFANG WAREN BEKENNTNIS UND LIED

»Wie kommt ein Theologieprofessor dazu, geistliche Lieder zu komponieren und zu dichten?« Diese häufig gestellte Frage könnte man in meinem Fall auch umgekehrt formulieren: »Wie kommt ein Liedermacher dazu, die akademische Laufbahn einzuschlagen und als Neutestamentler an der Universität zu lehren?« In der Tat begann mein Weg bereits vor Aufnahme meines Studiums in der Freizeit-, Jugend- und Gemeindearbeit, in der wir musikalisch und verkündigend mit einem Team unterwegs waren. Bei dieser Konzert- und Vortragstätigkeit entstanden die ersten Lieder, die bald durch ein erstes kleines Liederbuch »Jesus, Du bist mein Leben«[54] eine weitere Verbreitung fanden.

Was sich hier persönlich lebensgeschichtlich gefügt hat, lässt sich allerdings auch ganz grundlegend – und viel entscheidender – für die Anfänge der christlichen Theologie beobachten. Wenn wir das Neue Testament als Quelle der frühchristlichen Geschichte und als Zeugnis der Entfaltung des Evangeliums von Jesus Christus seit seinen Anfängen betrachten, kommen wir zu einer überraschenden Erkenntnis. Zeitlich gesehen standen nicht etwa die vier großen schriftlichen Evangelien am Anfang – sie wurden wohl Jahrzehnte nach den Erscheinungen des Auferstandenen ab 60 n. Chr. niedergeschrieben. Am Anfang standen nicht einmal die so grundlegenden Briefe des Paulus, die doch unbestritten die ältesten schriftlichen Zeugnisse des Neuen Testaments darstellen und ab 50. n. Chr. von Paulus verfasst wurden.

Die ältesten Zeugnisse des christlichen Glaubens und der theologischen Durchdringung der Christuserkenntnis sind vielmehr in den frühen Bekenntnissen und Liedern zu sehen, die uns innerhalb der neutestamentlichen Schriften überliefert sind und schon in den ersten zwanzig Jahren der christlichen Gemeinde zwischen dem Auferstehungssonntag um das Jahr 30 und den ersten neutestamentlichen Briefen ab dem Jahr 50 n. Chr. entstanden sind.[55] So wird die Erkenntnis der Auferstehung Jesu mit dem freudigen Ruf bezeugt: »Ich/Wir habe(n) den Herrn gesehen!« (Johannes 20,18.25; 1. Korinther 9,1). Der Osterglaube spricht sich früh in dem Jubelruf aus: »Der Herr ist wahrhaftig auferstanden und … erschienen!« (Lukas 24,34)[56]. Das grundlegende Bekenntnis, durch das ein Mensch Anteil am Heil und an der Gemeinschaft der Gläubigen gewinnt, ist die kurze Formulierung: »Herr ist Jesus« – wörtlich noch knapper: »Kyrios Jesus« (Römer 10,9; 1. Korinther 12,3; Philipper 2,11). In 1. Korinther 15,3-5 kann Paulus bereits ein ausführliches viergliedriges Glaubensbekenntnis als allgemein bekannt voraussetzen. Darin werden Jesu Sterben für unsere Sünden gemäß der Schrift, sein Begrabenwerden, seine Auferstehung am dritten Tag gemäß der Schrift und sein Erscheinen vor Petrus und dem Kreis der zwölf Apostel ausführlich beschrieben.

In unserem Zusammenhang interessieren uns aber gewiss vor allem die Lieder und Christushymnen sowie die Hinweise auf die Bedeutung des Singens unter den ersten Christen. Wo werden das wahre göttliche Wesen und die himmlische Herkunft und Hoheit Jesu eindrücklicher, anschaulicher und überschwänglicher beschrieben als in den Christusliedern in Johannes 1,1-18, Philipper 2,6-11, Kolosser 1,15-20, 1. Timotheus 3,16 f. und Hebräer 1,2 f.? Mag bei unseren heutigen geistlichen Liedern manchmal ein Mangel an theologischer Tiefe und geistlicher Durchdringung beklagt werden, so finden sich in den neutestamentlichen Liedern und Bekenntnissen gerade die grundlegenden theologischen Erkenntnisse und christusbezogenen Bekenntnisse.

Wir erkennen also, dass zu neutestamentlichen Zeiten die höchste Christologie und die anspruchsvollste Theologie gerade in den Bekenntnissen und Liedern anklang. Auf diese Weise wurde die tiefste Christuserkenntnis in den höchsten Tönen besungen. Am Anfang der Theologie stehen Singen und Bekenntnis, und die Theologie denkt dem nach, was den Singenden und Bekennenden durch das Evangelium offenbart worden ist.

So verwundert es nicht, dass die christliche Gemeinde vor allem auch zum Singen mit Danken und Loben eingeladen wird: »Lasst das Wort Christi reichlich unter euch wohnen: Lehrt und ermahnt einander in aller Weisheit; mit Psalmen, Lobgesängen und geistlichen Liedern singt Gott dankbar in euren Herzen« (Kolosser 3,16). »Ermuntert einander mit Psalmen und Lobgesängen und geistlichen Liedern, singt und spielt dem Herrn in eurem Herzen und sagt Dank Gott, dem Vater, allezeit für alles, im Namen unseres Herrn Jesus Christus« (Epheser 5,19).

Die Erkenntnis, dass sich der Glaube und eine an Gottes Offenbarung orientierte Theologie ganz vorrangig im Lied und im Gotteslob ausdrücken, teilen wir als Christen freilich mit Israel. So ist es im Alten Testament vor allem die Sammlung der Psalmen, in der sich die vielfältigen Erkenntnisse der Offenbarung Gottes und die vielgestaltigen Ausdrucksformen des Glaubens in unvergleichlicher Weise verdichten. In Klage und Vertrauen, in Bitte und Dank, in Bekenntnis und Lob bezeugen und besingen hier die Psalmbeter ihr Überwältigtsein von Gottes Gnade und Barmherzigkeit, von seiner Güte und Treue. Hier trifft es in doppeltem Sinne zu, dass sich die Theologie im Singen »verdichtet«. So konnte Martin Luther gerade die Liedersammlung der Psalmen als »kleine Biblia« bezeichnen, weil hier fast die ganze Summe des Glaubens in einem kleinen Büchlein verfasst sei.

Wäre dies alles schon Grund genug, den gesungenen Glauben und das glaubende Singen hoch zu schätzen, so gibt es doch ein letztes und tiefes Geheimnis des geistlichen Singens und Anbetens, von dem wir bereits durch den Propheten Jesaja erfahren und das bis hin zum letzten Buch der Bibel, der Offenbarung, entfaltet wird. Als der Prophet durch das irdische Heiligtum hindurch in den Himmel und bis zu dem Thron Gottes selbst sehen durfte, hörte er aus dem Mund der himmlischen Wesen, was fortan höchstes Lob in der menschlichen Anbetung Gottes werden sollte: »Heilig, heilig, heilig ist der Herr Zebaoth, alle Lande sind seiner Ehre voll!« (Jesaja 6,3). Der wahre Gottesdienst ist also nicht das, was durch unser Bemühen und unsere Kunst in Lobpreis und Gesang hervorgebracht wird; der wahre Gottesdienst findet im Himmel statt! Wann immer wir als Gemeinde Gott singen und ihn loben, stimmen wir in Wahrheit in den gesamten himmlischen Chor der unzähligen Engel und Heiligen ein und haben schon hier und jetzt teil an dem himmlischen Gottesdienst, der uns als Gläubige erwartet. So kommt es also nicht erst durch die Größe unserer Chöre und durch die Summe der menschlichen Gottesdienste zum angemessenen Lob Gottes, sondern unsere Gottesdienste, unsere Lieder zu Gott sind in Wahrheit Echo und Widerklang des himmlischen Gotteslobs.

Unsere Liebe, Dankbarkeit und Ehrfurcht Gott gegenüber gebieten es uns, dass wir musikalisch unser Bestes geben. Aber wenn wir die himmlischen Chöre einmal unmittelbar hören werden, wird es mit all unserem Stolz und unserer Eitelkeit – aber auch mit unserem Ärger über unsere menschliche Unzulänglichkeit – ein für alle Mal zu Ende sein. Vom Himmel aus gehört und einmal abgesehen von Gottes Liebe – die sich auch an den schrägsten Tönen eines aufrichtigen Herzens freut – würden auch das vollkommenste irdische Orchester und der perfekteste Chor sehr bescheiden und schräg klingen. Aber in den Ohren unseres liebevollen und gnädigen himmlischen Vaters sind selbst der kleinste Chor, die älteste Stimme und die verstimmteste Gitarre noch Wohlklang und Widerhall der himmlischen Harmonie. Denn himmlische Harmonie ist nicht das, was wir durch eigene Kunst produzieren, sondern das, woran wir durch Gottes Gunst partizipieren.

Wer Christus singt und Gott, seinen Vater, mit Worten des Gebetes und mit Liedern lobt, der erhebt sich schon hier und jetzt aus der Begrenztheit und Einschränkung seiner alltäglichen Existenz und nimmt bereits heute – auch mitten in Anfechtung und Not – am himmlischen Gottesdienst teil. Wer Christus singt und lobt, der nimmt darin seine eigene himmlische Existenz vorweg. Von allen Fähigkeiten, die wir in dieser Welt erwerben sollen und für diese Lebenszeit brauchen, gibt es eine, die wir auch noch im Himmel gebrauchen können: das ist das gesungene Lob Gottes!

ANHANG

DIE PSALMEN ALS GRUNDLAGE
DER GEISTLICHEN LIEDER
MOTIVE, AUFBAU UND GATTUNGEN

»**Buch der Psalmen**« (Lk 20,42; Apg 1,20) – »**Psalmen**« (Lk 24,44); *psalmoi* (griech.) von *psallein* (griech.) »die Saiten schlagen«, »lobsingen«[57]. *Martin Luther: »kleine Biblia« – »fast die ganze Summe verfasst in ein kleines Büchlein«*

KLAGE-, DANK-, VERTRAUENSLIEDER
UND HYMNEN

(siehe zum Ganzen 1. Sam 1,1–2,11)

I   Teilen der Probleme mit Gott (Klagelied) (zum Beispiel Ps 7; 13; 22; 77 – »*Schüttet euer Herz vor ihm aus*« Ps 62,9; 1. Sam 1,15)

1. **Flüchten zu Gott,** Anrufen Gottes (meistens im Heiligtum Ps 5,8; 26,8; 27,4; 42,5 [erinnernd]; 43,3; 63,3 f.; 73,17; 84,4 f.11)

2. **Klage vor Gott** (»Wie lange?« »Warum?«) Ps 13,2 ff.; 22,2; 42,10

3. **Bericht, Beschreibung** der Gefahr, Schwachheit, Krankheit, des Todes (Vergleich mit Vogel Ps 11,1; 102,7 f. [positiv 84,4 f.; 124,7]; Hirsch Ps 42,2), der Feinde (Vergleich mit angreifendem und belagerndem Heer, mit Jäger und

Fischer, mit wilden Tieren Ps 3,7; 7,3.13 ff.; 22,13 ff.; 27,2 f.; 35,7 f.; 140,6)

4. **Verwünschen der Gefahr** Ps 6,11; 69,23-29; 109,6-20.28f. (»Rachepsalmen«; vgl. dagegen Mt 5,38-48; Röm 12,14-20)

II Klären des Verhältnisses zu Gott (Klagelied, Bußpsalm, Vertrauenslied)

1. bei **Schuld**, Zusammenhang: Schuld – Krankheit – Feind (Ps 32,1 ff.; 38,3 ff.)
   (siehe Bußpsalmen Ps 6; **32**; 38; **51**; 102; 130; 143)
   a) Sündenbekenntnis (Ps 32,5; 38,19; 51,5-7)
   b) Bitte um Vergebung (Ps 51,3 f.9-14.16)
2. bei **Unschuld**
   a) **Bekundung der Unschuld** an und in diesem Problem
      Bild: ein unschuldig Angeklagter vor dem Richter (»Ich bin gerecht«) Ps 26,1; 7,9; ein zur Verteidigung Unfähiger vor dem Anwalt (Waise, Witwe, Elender, Armer) Ps 12,6; 68,6
   b) Ausdruck des **Vertrauens**; Vertrauenslieder Ps 4; 11; **16**; **23**; 27A; 62; **131**
   c) Ausdruck des **Verlangens** nach Gott Ps 25,1; 27,8; 42,2 f.; 63,2f.
   d) Ausdruck des **Harrens** und **Wartens** auf Gott Ps 27,14; 42,6.12; 130,5f.
3. durch **Gelübde** – wechselseitiges Verhältnis von Geben und Nehmen Ps 116,13 ff.; **Preisen** Ps 54,8, **Dank** Ps 56,13, **Bekennen** Ps 51,17 (im Hebr. gleichbedeutend)
   (Opfer *kritisch*: Ps 40,7; 50,8-15; 51,18 f.; 70,31 f.; 141,2; *positiv*: Ps 54,8; 66,13; 116,1 ff.)

III   Bitte um Gottes Eingreifen (Klagelied)

1. **Beschreibung der Größe Gottes** in Wesen (gnädig, gerecht Ps 143,1) und Wirken (Schöpfung, Erlösung Ps 77,12-20)
2. **Vergegenwärtigen** des Heilswillens Gottes in Geschichte und Verheißung
   a) Gott als **gerechter Richter** Ps 7,9; 9,5
   b) als **König** der Völker Ps 47; 93–99
   c) als **Helfer** der Witwen und Waisen Ps 10,14; 68,6
3. **Aufforderung** an Gott zu handeln Ps 7,7.9; 44,24.27; vgl. 35,22 f.; 38,23
4. **Ausdruck der Gewissheit** (aus Erfahrung und Zuspruch) Ps 3,5-8

IV   Zusage Gottes – seiner Gegenwart, Hilfe; Wiedergewinnung von Gewissheit und Zuversicht in Gott

1. **Gottesentscheidung**, Orakel/Heilswort – durch Priester oder Prophet übermittelter Gottesspruch Ps 12,6; 32,8; vgl. 85,9
2. **Zeichen**, Lose 2. Mose 28,30; Spr 16,33 (vgl. Apg 1,26)
3. **Gotteserscheinung** (Theophanie) Ps 24,7-10
4. **Erinnerung** Ps 77,12ff.
5. **Weisheitl. Erkenntnis** Ps 73,16ff.
6. **Selbstermahnung, -ermunterung** Ps 42,6.12; 43,5; 62,6
7. **Besinnung auf Gewährung der Gottesgemeinschaft** (seine Gnade Ps 63,4; Freude Ps 4,8; Aufnahme/»Entrückung« in die Herrlichkeit Ps 73,24 u. 49,16; vgl. 1. Mose 5,24; 2. Kön 2,11)
8. a) **Gott wird als Lebensgrundlage und Hilfe in Person erkannt**: »Der Herr ist mein(e) ...« Freude und Wonne Ps

43,4, Heil 18,3; 27,1.9; 62,8; 118,14, Hoffnung Ps 62,2;
71,5, Licht Ps 27,1; 36,10, Fels Ps 18,3; 31,3 f.; 62,3.7 f.,
Schutz Ps 18,3; 62,3.7; 59,10.17 f.; 94,22; 119,114; 144,2,
Stärke Ps 18,2; 28,7 f.; 46,2; 59,10.18; 81,2, Zuversicht/
Zuflucht Ps 65,6; 71,5 (46,2; 61,4; 62,8 f.; 73,28; 142,6)
b) Gott *selbst* **wird als höchstes Gut, als »Erbteil« erkannt**
Ps 16,5; 63,4; 73,23-26.28; 142,6; vgl. 4. Mose 18,20
zu Aaron: »Ich bin dein Anteil und dein Erbgut ...«
9. **»Gottes Angesicht schauen«** Ps 27,8 f.13; 36,10; **42,3;**
63,3 (vgl. Hiob 42,2.5)

V   Reaktion auf Gebetserhörung (Danklied, Loblied)
1. Ausdruck der **Liebe zu Gott** Ps 18,2; 116,1; vgl. 31,24
2. **Danken, Dankopfer** Ps 116,17 (vgl. II 3)
3. **Loben Gottes** in **Wesen** und **Wirken** Ps 103,2ff.
   a) als Bericht über **Gottes Taten:**
      aa) Aufforderung (vokal, instrumental Ps 148; 150)
      ab) Begründung: »denn ...«
         – **Schöpfung** 104,33 (Schöpfungspsalmen 8;
           19A; 29; 33; 104; 139; 148)
         – **Heilswirken** an **Israel** Ps 105; 107
         – Heilswirken am **Einzelnen**
   b) als Beschreibung des immer wieder erfahrbaren **Wesens**
      und **Verhaltens Gottes:**
      ba) **gnädig, freundlich ...** Ps 100,5; 103,8
      bb) in der **Natur** Ps 8; 29
4. **Bezeugen vor anderen** (beim Opfermahl)
   a) **Bericht:** Not, Gebet (siehe 116,3-12), Erhörung
   b) **Aufruf zum Vertrauen, Loben** Ps 34,2ff.
      (imperativischer Lobruf Ps 95A; 100; 145; 148; 150)

5. **Übereignung an Gott** (»Dein Sklave bin ich« 116,16; 119,125)
6. **Segensempfang** Ps 24,5; 91,14 ff.; 115,12 ff.; 121,3 ff.; 134,3

ÜBERSCHRIFTEN DER PSALMEN

Psalm, Psalmlied, Klagelied, »güldenes Kleinod«[58], Gebet, Unterweisung, Wallfahrtslied, Loblied des ...

Davidspsalmen (72x: Ps 3–41; Ps 51–70; Ps 86; Ps 108–110; Ps 138–145)

Asafpsalmen (12x: Ps 50; Ps 73–83; vgl. 1. Chr 16,7.37; 2. Chr 5,12: »alle Leviten, die Sänger waren, nämlich Asaf, Heman und Jeduthun ...« [bei der Tempeleinweihung unter Salomo])

Korachpsalmen (11x: Ps 42–49; Ps 84–85; Ps 87–88; vgl. 1. Chr 6,7; nicht etwa 4. Mose 16)

Jeduthunpsalmen (3x: Ps 39; 62; 77; vgl. 1. Chr 16,41 ff.; 2. Chr 5,12)

Salomopsalmen (2x: Ps 72; 127)

Etanpsalm (1x: Ps 89; vgl. 1. Chr 6,16 f.29; 15,17 ff.; 1. Chr 6,16: »welche David bestellte, um im Haus des Herrn zu singen«)

Hemanpsalm (1x: Ps 88; vgl. 1. Chr 16,41 ff.; 2. Chr 5,12)

Mosepsalm (1x: Ps 90[–92])

AUFBAU DER PSALMEN

Proömium Rahmen	**Ps 1–2**	Gottes »Weisung«/Thora/»Gesetz« + Gottes Gesalbter/Zion/Gottes Herrschaft
1. Buch	**Ps 3–41**	**Davidspsalmen I** (Ps 3–14; 15–24; 25–34; 35–41) [außer Ps 33] – Abschluss Ps 41,14: Doxologie – jeweils mit »Amen!«
2. Buch	**Ps 42–72**	**Korachpsalmen** (Ps 42–49); Asafpsalm (Ps 50); **Davidspsalmen II** (Ps 51–70); Salomo (Ps 72) – Ps 42–83 »**Elohistischer Psalter**« – Abschluss Ps 72,18f.: Doxologie
3. Buch	**Ps 73–89**	**Asafpsalmen** (Ps 73–83); **Korachpsalmen** (Ps 84 f.; 87–89); Davidspsalm (Ps 86); Etanspsalm (Ps 89; vgl. 1. Chr 6,29; 15,17 ff.) – Abschluss Ps 89,53: Doxologie
4. Buch	**Ps 90–106**	»Gebet des Mose« (Ps 90); »**Jahwe ist König**«-Psalmen (Ps 93–100); **Davidspsalmen III** (Ps 101–106) – Abschluss Ps 106,48: Doxologie
5. Buch	**Ps 107– 145**	Lob-/Todapsalmen (Ps 107 + 145, »Jahwe ist König«); **Davidspsalmen IV** (Ps 108–110 + 138–145); **Halleluja-Psalmen** Ps 111–117 (Alphabet. Thorapsalmen [111f, 119]; **Passah-Hallel** [Ps 113–118]); »Gesetzespsalm« Ps 119; **Wallfahrtspsalmen/Stufenlieder** (Ps 120–137 [Halleluja-Psalm Ps 135; Litanei Ps 136; Klage in Babel Ps 137]) – Abschluss Ps 145,21: »Mein Mund soll des Herrn Lob verkündigen«
Schluss-Hallel – Rahmen	**Ps 146– 150**	Zehnfaches Halleluja (je zu Anfang und Ende)

GATTUNGEN DER PSALMEN

Individuelle Klagelieder: Ps 3; 5; 6; **7**; **13**; 17; **22**; 25–28; 35; 38; 39; 41; 42/43; 51; 54–57; 59; 61; 63; 64; <u>69</u>; 71; 77; 86; 88; 94; 102; <u>109</u>; **130**; 140; 141; 143 (vor allem in den Davidspsalmen 3–41; 51–72; 140–143; <u>unterstrichen</u>: Rachepsalmen; **fett**: besonders repräsentativ)

Klagelieder des Volkes: Ps 44; 60; **74**; 79; **80**; 83; 85; 90; <u>137</u>
– Bußpsalmen: Ps 6; **32**; 38; **51**; 102; 130; 143
– Rachepsalmen: <u>Ps 58; 69; 109; 129; 137</u>

Individuelle Vertrauenslieder: Ps 4; 11; **16**; **23**; (27;) 62; **63**; **131**

Vertrauenslieder der Gemeinschaft: Ps 46; 123; 125; 129

Individuelle Danklieder: 9/10; 18; **30**; 31B; 32; 34; 66B; 92; **116**; 118; 138

Hymnen/Loblieder: 8; 19A; 29; 33; 47; 65; 66; 93; 96–100; 104; 105; *111*; *113*; 114; *117*; 134; 135; 145; *146–150* (*kursiv*: Halleluja-Psalmen) – siehe zur Grundform des Hymnus das Mirjamlied 2. Mose 15,21

WEITERE GRUPPEN VON PSALMEN

»Jahwe ist König«-Psalmen: 47; 93; 96–99 (vgl. Ps 29)

Königspsalmen: 2; (18;) 20; 21; 45; 72; (89;) 101; **110**; 132; 144,1-11 (menschlicher König-Messias)

Zionslieder (Ps 137,3): (46;) 48; 76; **84**; 87; **122**; 125; 126; (132)

Wallfahrtspsalmen/»Stufenlieder«: 120–134 (siehe Ps 122; vgl. 15; 24)

Schöpfungspsalmen: 8; 19A; 29; 33; 104

Geschichtspsalmen: 78; 81; 105; 106; 136B

»Gesetzes«-/Thorapsalmen: 1; 19B; 119 (Ps 119 ist der längste Psalm; vgl. als kürzesten Psalm: 117)

Weisheitsdichtung: 1; 19B; **37**; 49; **73**; 112; 119; **127**; 128; 133

Elohistischer Psalter: Ps 42–83, da Gott hier mit »Elohim« statt »Jahwe« benannt wird

ABC-Psalmen (akrostichische): 9/10; 25; 34; 37; 111; 112; 119; 145 (Spr 31,10 ff.; Klagel 1–4)

ANMERKUNGEN

[1] Hans-Joachim Eckstein. Lieder, Audio-CD, Eckstein Production, Dettenhausen 2015; Vertrieb: SCM Hänssler (= CD I).

[2] Hans-Joachim Eckstein. Wie ein Adler, Audio-CD, Eckstein Production, Dettenhausen 2017, Vertrieb: SCM Hänssler (= CD II).

[3] Hans-Joachim Eckstein. Liederbuch. 36 beliebte und aktuelle Lieder, SCM Hänssler, Holzgerlingen 2015 (= Liederbuch). Zu Noten von weiteren Liedern s. unter www.ecksteinproduction.com.

[4] »Wenn ich bedenke« – Deutscher Text: Hans-Joachim Eckstein, Printrechte: © SCM Hänssler | © Eckstein Production; Melodie u. engl. Text: aus dem Englischen (unbekannt); Noten: Hans-Joachim Eckstein, Liederbuch, Nr. 29.

[5] »Gott sei mit dir« – Text und Melodie: Hans-Joachim Eckstein, © Eckstein Production; CD II: Wie ein Adler, Nr. 1.

[6] »Du bist ein Wunsch« – Text und Melodie: Hans-Joachim Eckstein, © Eckstein Production; CD II: Wie ein Adler, Nr. 3; Noten: Feiert Jesus! 5, Holzgerlingen 2017, Nr. 174.

[7] Eine »Moritat« ist ein von einem Bänkelsänger (mit Drehorgelbegleitung) vorgetragenes Lied, das eine in Bildern dargestellte rührselige Geschichte zum Inhalt hat und in einer belehrenden Moral endet.

[8] »Der kleine Hund« – Text und Melodie: Hans-Joachim Eckstein, Printrechte: © SCM Hänssler | © Eckstein Production; Noten: Hans-Joachim Eckstein, Liederbuch, Nr. 34.

[9] »Gib mir Liebe ins Herz« – Text: Hans-Joachim Eckstein, Printrechte: © SCM Hänssler | © Eckstein Production; Noten: Hans-Joachim Eckstein, Liederbuch, Nr. 1; Audio-CD I: Lieder, Nr. 1.

[10] »Sieh die Sterne hoch am Himmel« – Text und Melodie: Hans-Joachim Eckstein; © SCM Hänssler; Noten: Hans-Joachim Eckstein, Liederbuch, Nr. 9; Audio-CD I: Lieder, Nr. 9.

[11] »Meine Last ist leicht« – Text und Melodie: Hans-Joachim Eckstein, © Eckstein Production; Noten: Hans-Joachim Eckstein, Liederbuch, Nr. 14.

[12] »Petrus, sieh nur zu Jesus« – Text und Melodie: Hans-Joachim Eckstein, Printrechte: © SCM Hänssler | © Eckstein Production; Noten: Hans-Joachim Eckstein, Liederbuch, Nr. 33.

[13] »Fürchte dich nicht« – Text und Melodie: Hans-Joachim Eckstein, Printrechte: © SCM Hänssler | © Eckstein Production; Noten: Hans-Joachim Eckstein, Liederbuch, Nr. 3; Audio-CD I: Lieder, Nr. 3.

[14] »Heb deine Augen« – Text und Melodie: Hans-Joachim Eckstein, © Eckstein Production; CD II: Wie ein Adler, Nr. 5.

[15] »Lobt den Herren« – Melodie: Hans-Joachim Eckstein und Wilfried Krüger; Text: Hans-Joachim Eckstein, Printrechte: © SCM Hänssler | © Eckstein Production; Noten: Hans-Joachim Eckstein, Liederbuch, Nr. 27; CD II: Wie ein Adler, Nr. 8.

[16] Siehe neben den alttestamentlichen Psalmen auch die neutestamentlichen Christushymnen Joh 1,1-18; Phil 2,6-11; Kol 1,15-20; 1. Tim 3,16 f.; Hebr 1,2 f. und die frühchristlichen Hymnen Lk 1,46-55 (Magnifikat); 1,68-79 (Benedictus) und 2,29-32 (Nunc dimittis).

[17] »Jeder Schritt sei dein, Herr« – Text und Melodie: Hans-Joachim Eckstein, Printrechte: © SCM Hänssler | © Eckstein Production; Noten: Hans-Joachim Eckstein, Liederbuch 36; Audio-CD II: Wie ein Adler, Nr. 4.

[18] Von Gottes eigener Weisheit gilt nach der Weisheit Salomos 7,25 f.: »Sie ist ein *Hauch* der göttlichen Kraft und ein *reiner Strahl* der Herrlichkeit des Allmächtigen; darum kann nichts Unreines in sie hineinkommen. Denn sie ist ein *Abglanz* des ewigen Lichts und ein fleckenloser *Spiegel* des göttlichen Wirkens und ein *Ebenbild* seiner Güte.« Vgl. auch Spr 3,19 f.; 8,22-31; Jesus Sirach 24,3-10; Weisheit 7,21-30; 8,3.6.

[19] »Herr, ich liebe dich« – Text und Melodie: Hans-Joachim Eckstein, Printrechte: © SCM Hänssler | © Eckstein Production; Noten:

Hans-Joachim Eckstein, Liederbuch, Nr. 26; Audio-CD II: Wie ein Adler, Nr. 11.

[20] »Vater, lass mich allezeit« – Text und Melodie: Hans-Joachim Eckstein, Printrechte: © SCM Hänssler | © Eckstein Production; Noten: Hans-Joachim Eckstein, Liederbuch, Nr. 26; Audio-CD II: Wie ein Adler, Nr. 7.

[21] »When I Get the Blues« – Text und Melodie: Hans-Joachim Eckstein, Printrechte: © SCM Hänssler | © Eckstein Production; Noten: Hans-Joachim Eckstein, Liederbuch, Nr. 20.

[22] »Bleibe bei uns, denn es wird Nacht« – Text und Melodie: Hans-Joachim Eckstein, Printrechte: © SCM Hänssler | © Eckstein Production; Noten: Hans-Joachim Eckstein, Liederbuch, Nr. 10; Audio-CD I: Lieder, Nr. 10. Unter dem Titel »Bleibe bei uns, denn es will Abend werden« gibt es noch ein zweites Lied, dessen Text zum Abschluss dieses Artikels abgedruckt ist (siehe nächste Anmerkung).

[23] »Bleibe bei uns, denn es will Abend werden« – Text: Hans-Joachim Eckstein, © Eckstein Production; Melodie: Jean Sibelius, Finlandia op. 26 (1899).

[24] »Herr, wenn es stimmt« – Text und Melodie: Hans-Joachim Eckstein, Printrechte: © SCM Hänssler | © Eckstein Production; Noten: Hans-Joachim Eckstein, Liederbuch, Nr. 35; CD II: Wie ein Adler, Nr. 6.

[25] »Herr, mit dir bin ich gekreuzigt« – Text (dt. u. engl.) und Melodie: Hans-Joachim Eckstein, Printrechte: © SCM Hänssler | © Eckstein Production; Noten: Hans-Joachim Eckstein, Liederbuch, Nr. 16.

[26] »Vor uns liegt ein weites Land« – Text und Melodie: Hans-Joachim Eckstein, © Eckstein Production; Noten: Hans-Joachim Eckstein, Liederbuch, Nr. 5; Audio-CD I: Lieder, Nr. 5.

[27] »Sei getrost und fürchte dich nicht« – Text und Melodie: Hans-Joachim Eckstein, © Eckstein Production.

[28] »Ich ahne jenseits meiner Fragen« – Text und Melodie: Hans-Joachim Eckstein, Printrechte: © SCM Hänssler | © Eckstein Pro-

duction; Noten: Hans-Joachim Eckstein, Liederbuch, Nr. 12; Audio-CD I: Lieder, Nr. 6.

[29] »Schau vor allem auf Jesus« – Musik und engl. Text: Helen H. Lemmel, © 1922 Singspiration Music, admin. by Small Stone Media Germany; Text deutsch: Hans-Joachim Eckstein, © Eckstein Production; Audio-CD II: Wie ein Adler, Nr. 09.

[30] »Wir sind dein – Abendlied« – Text und Melodie: Hans-Joachim Eckstein, © Eckstein Production; Noten: Hans-Joachim Eckstein, Liederbuch, Nr. 8; Audio-CD I: Lieder, Nr. 8.

[31] »Du bist das Licht in meiner Nacht « – Text und Melodie: Hans-Joachim Eckstein, © Eckstein Production; Noten: Hans-Joachim Eckstein, Liederbuch, Nr. 7; Audio-CD I: Lieder, Nr. 7.

[32] »Dennoch bleibe ich bei dir« – Text (dt. u. engl.) und Melodie: Hans-Joachim Eckstein, Printrechte: © SCM Hänssler | © Eckstein Production; Noten: Hans-Joachim Eckstein, Liederbuch, Nr. 4; Audio-CD I: Lieder, Nr. 4.

[33] Siehe zum Ganzen auch den Anhang »Die Psalmen als Grundlage der geistlichen Lieder in diesem Buch S. 191-197. Individuelle Klagelieder: Ps 3; 5; 6; 7; 13; 17; 22; 25–28; 35; 38; 39; 41; 42/43; 51; 54–57; 59; 61; 63; 64; 69; 71; 77; 86; 88; 94; 102; 109; 130; 140; 141; 143 (vor allem in den Davidspsalmen 3–41; 51–72; 140–143); Bußpsalmen: Ps 6; 32; 38; 51; 102; 130; 143; Klagelieder des Volkes: Ps 44; 60; 74; 79; 80; 83; 85; 90; 137.

[34] Individuelle Danklieder: 9/10; 18; 30; 31B; 32; 34; 66B; 92; 116; 118; 138.

[35] Hymnen/Loblieder: 8; 19A; 29; 33; 47; 65; 66; 93; 96–100; 104; 105; *111; 113;* 114; *117;* 134; *135;* 145; *146–150 (kursiv:* Halleluja-Psalmen).

[36] Siehe die individuellen Vertrauenslieder: Ps 4; 11; 16; 23; (27;) 62; 63; 131; und die Vertrauenslieder der Gemeinschaft: Ps 46; 123; 125; 129.

[37] Vgl. Ps 62,3.7; 94,22; 119,114; 144,2.

[38] Vgl. Ps 59,10.18; 81,2.

[39] Vgl. Ps. 46,2; 61,4; 62,8 f.; 73,28; 142,6.

[40] Wie nach 4. Mose 18,20 dem Stamm Levi zugesagt wird, dass Gott selbst ihr »Anteil« und »Erbteil« sein will und sie deshalb im verheißenen Land kein Erbgut zu besitzen brauchen, so erkennen die Beter in den Psalmen Gott als ihr »Anteil« und »Erbteil«, das alles irdische Gut relativiert (Ps 16,5; 63,4; 73,23ff.; 142,6).

[41] »Möge Gottes Segen mit dir sein« – Text und Melodie: Hans-Joachim Eckstein, Printrechte: © SCM Hänssler | © Eckstein Production; Noten: Hans-Joachim Eckstein, Liederbuch, Nr. 2; Audio-CD I: Lieder, Nr. 2.

[42] »Du in mir, ich bin dein« – Text und Melodie: Hans-Joachim Eckstein, Printrechte: © SCM Hänssler | © Eckstein Production; Noten: Hans-Joachim Eckstein, Liederbuch 6; Audio-CD I: Lieder, Nr. 6.

[43] »Nichts kann dich mehr trennen« – Siehe in diesem Buch S. 174; Text und Melodie: Hans-Joachim Eckstein; © Eckstein Production; Noten: Hans-Joachim Eckstein, Liederbuch, Nr. 11; Audio-CD I: Lieder, Nr. 11.

[44] Siehe zum Beispiel die individuellen Vertrauenslieder Ps 4; 11; 16; 23; (27;) 62; 63; 131.

[45] Siehe die neutestamentlichen Aussagen zur göttlichen Erwählung und zur Vorherbestimmung zum Heil: Röm 8,28-30; 9,11 f.15 f.23 f.; 11,5-7.28 f.; 1. Kor 1,27; 1. Thess 1,4; vgl. Joh 6,37.39.44.65; 15,16; 17,2.6.24; Apg 13,48; Eph 1,4-6.11; 2. Thess 2,13 f.; 2. Tim 1,9 f.; 1. Petr 1,2; 2,9 f.

[46] Siehe zur Gewissheit des Heils und des »Beharrens im Heil« (Perseveranz): Röm 3,2 f.; 5,1; 6,22 f.; 8,1.16 f.28-39; 10,9-13; 11,29; 14,4; 1. Kor 1,8 f.; 10,13; 2. Kor 1,21 f.; 5,5-8; Phil 1,6 ; 1. Thess 5,24; vgl. Joh 10,27-30; 17,9-11b.15;. 2. Thess 3,3; 2. Tim 1,12; 2,13; 1. Petr 1,5; 1. Joh 2,19.

[47] »Ich hör mich neue Lieder singen« – Text und Melodie: Hans-Joachim Eckstein, © Eckstein Production; Noten: Hans-Joachim Eckstein, Liederbuch, Nr. 25; Audio-CD II: Wie ein Adler, Nr. 2.

[48] »Was du gabst« – Text und Melodie: Hans-Joachim Eckstein, Printrechte: © SCM Hänssler | © Eckstein Production; Noten: Hans-Jo-

achim Eckstein, Liederbuch, Nr. 30; Audio-CD II: Wie ein Adler, Nr. 10.

49 Zum alttestamentlichen Verbot von Menschenopfern siehe vor allem 3. Mose 18,21; 20,2; 5. Mose 18,10; vgl. 2. Kön 16,3; 21,6; Jer 3,24; 7,31. Für das ausdrückliche Verbot des Menschenopfers in Israel steht letztlich auch die – zunächst irritierende – Erzählung von dem Auftrag der Darbringung Isaaks durch seinen Vater Abraham in 1. Mose 22,1 ff.: »Lege deine Hand *nicht* an den Knaben und tu ihm *nichts*!« (V. 12). Hinsichtlich der »Erstgeburt« – wie hier speziell des verheißenen Sohnes Isaak – gilt für das Volk Israel strikt die von Gott gebotene und gewährte Auslösung durch kultische Opfer: »Abraham nahm den Widder und opferte ihn zum Brandopfer an seines Sohnes statt« (1. Mose 22,13).

50 »Nichts kann dich mehr trennen« – Text und Melodie: Hans-Joachim Eckstein, © Eckstein Production; Noten: Hans-Joachim Eckstein, Liederbuch, Nr. 11; Audio-CD I: Lieder, Nr. 11.

51 Bibelstellen: zum Ganzen Röm 8,28-39; zur **Vergebungsbedürftigkeit** Röm 3,23 ff.; 1. Joh 1,8–2,1; zur **Fürsprache Christi für die Seinen** Röm 8,34; Hebr 7,25; 1. Joh 2,1; zur **schenkenden und heilvollen Gerechtigkeit Gottes** Röm 1,16 f.; 3,21 f.25 f.; 2. Kor 5,21; Phil 3,9; zu **Christus als »der Gerechtigkeit«** für die Seinen und zum **»seligen Tausch«** zwischen Christus und den Menschen 1. Kor 1,30; 2. Kor 5,21; 8,9; Gal 3,13; zur **Rechtfertigung des Sünders allein durch Christus im Glauben** Röm 1,16 f.; 3,21 ff.; 4,1 ff.; 10,3 f.9-17; Gal 2,16 ff.; 3,1–4,7; Phil 3,9; zur gegenwärtigen **Gewissheit der endgültigen Rechtfertigung** durch Gott Röm 3,24.26; 4,5; 5,1.8-10; 8,16 f.28 ff.38 f.; 9,30; 10,9-13; 11,29; Gal 2,16; Phil 1,6.

52 »Gottes Friede sei mit dir« – Text und Melodie: Hans-Joachim Eckstein; © Eckstein Production; Audio-CD 2: Wie ein Adler, Nr. 12.

53 Bibelstellen: Mk 15,34; Ps 22,2; Lk 23,46; Ps 31,6; Joh 19,28; Ps 22,16; 69,22.

54 »Jesus, du bist mein Leben. Neue Verkündigungslieder«, 1.-3. Aufl., Lahr 1970/71; 4./5. Aufl., Neuhausen 1972/1974. Ein weiteres

Liederbuch mit 26 neueren und bewährten Titeln ist 2005 unter dem Titel »Fürchte dich nicht, ich bin bei dir«, Holzgerlingen, erschienen.

[55] Zu den vorgeprägten Traditionsstücken bei Paulus siehe Röm 1,3 f.; 3,25 f.; 4,24 f.; 10,9; 1. Kor 8,6; 11,23-25, 12,3; 15,3-5; Gal 1,4; Phil 2,6-11; 1. Thess 1,9 f.; vgl. **Bekenntnisse:** »Herr ist Jesus« (1. Kor 12,3; Röm 10,9); **Glaubenssätze** (Röm 10,9: »glauben, dass…«); **Gebetsanrufungen**: »Abba, lieber Vater« (Röm 8,15; Gal 4,6; Mk 14,36); **Gebetsrufe**: »Maranatha«/»Unser Herr, komm!« (vgl. Offb 22,20). – Siehe zum Ganzen Hans-Joachim Eckstein, So haben wir doch nur einen Gott. Die Anfänge trinitarischer Rede von Gott im Neuen Testament, in: ders., Kyrios Jesus. Perspektiven einer christologischen Theologie, 2. Aufl., Neukirchen-Vluyn 2011, 3-33.

[56] Siehe zu den geprägten Auferstehungs- und Auferweckungsaussagen Hans-Joachim Eckstein, Die Wirklichkeit der Auferstehung Jesu, in: ders., Zur Wiederentdeckung der Hoffnung. Grundlagen des Glaubens, 2. Aufl., Holzgerlingen 2008, 87-122; Hans-Joachim Eckstein, Die Wirklichkeit der Auferstehung Jesu. Lukas 24,34 als Beispiel formelhafter Zeugnisse, in: ders., Der aus Glauben Gerechte wird leben. Beiträge zur Theologie des Neuen Testaments, BVB 5, 2. Aufl., Münster u. a. 2007, 152-176; 232-238.

[57] Gemäß der Bezeichnung »Psalm« in Ps 3-6.8 f.12f. u.ö.; die Bezeichnung »Psalter« von *psalterion* (griech.), einem Saiteninstrument, also »zum Saitenspiel«; spätere jüdische Bezeichnung: *tehillim* »Loblieder«, »Hymnen«.

[58] »Güldenes Kleinod«/Miktam von Kætæm »Gold«.

VERZEICHNIS
DER BIBELSTELLEN

(mit Seitenzahlen; **fett** = ausführlich behandelte Stellen)

1. Mose 1,27	73 ff.	**Ps 73,23 ff.**	144 ff.
1. Mose 5,24	149	**Ps 91,4.11 f.**	16, 180 ff.
1. Mose 12,1-3	39 ff.,	Ps 103,5	14 ff.
	110 ff.,	Ps 116,1 f.	79 ff.
	152	Ps 117,1 f.	67 ff.
1. Mose 15,1-6	39 ff.	Ps 118,25 f.	33
1. Mose 22,1-19	39 ff.,	**Ps 121**	61 ff.,
	153.,		180 ff.
	168 ff.	Ps 131,2	93, 139
2. Mose 3,1 ff.	110 ff.	Ps 150,2	67 ff.
2. Mose 14,13 f.	116 ff.	Jes 6,3	189
2. Mose 19,4	15	Jes 25,8	93
4. Mose 6,24	153	**Jes 40,29-31**	14 ff.
5. Mose 6,4 f.	79 ff.	**Jes 41,10-43,19**	54 ff.
5. Mose 32,10 ff.	14 ff.	Jes 49,15	93
Jos 1,1-9	110 ff.,	Jes 54,10	181
	116 ff.	Jes 58,11	35
Ps 18,2 f.	79 ff., 146.,	Jes 63,13	93
	180 ff.	Jes 64,3	25
Ps 27,1.8	67 ff., 127 ff.	Jer 2,13	36
Ps 30,5 f.12	67 ff.	Mi 7,18-20	67 ff.
Ps 32,8	127 ff., 145	Mt 5,14 ff.	34
Ps 37,5 ff.	116 ff.	Mt 6,5 ff.	141
Ps 49,16	149	Mt 6,25-34	116 ff., 141
Ps 56,9	93	**Mt 11,25-30**	45 ff.
Ps 57,2	16	Mt 13,44	25
Ps 63,4	146	**Mt 14,25-33**	50 ff.

Mt 21,9	33	1. Kor 1,30	75, 176
Mt 25,1-13	29 ff.	1. Kor 2,9 f.	25
Mk 12,28-34	79 ff.	2. Kor 3,18	75
Lk 6,27 f.	154	2. Kor 4,4.6	73 ff.
Lk 24,13-35	96 ff.	2. Kor 4,18	127 ff.
Joh 1,1-18	75, 187	**2. Kor 12,9 ff.**	82 ff.
Joh 4,13 f.	35 f.	2. Kor 13,13	154
Joh 6,37.39	19 ff.	**Gal 2,19 f.**	59, 101 ff.,
Joh 7,37 f.	35		107 ff., 114,
Joh 8,12	34		159
Joh 8,51	135	**Gal 3,6-14**	59, 110 ff.,
Joh 10,11 ff.	37 f.		153
Joh 11,25 f.	135	Gal 5,22 f.	114
Joh 14,26	182	Eph 1,4 ff.	19 ff.
Joh 15,16	19 ff.	**Eph 5,19 f.**	82 ff., 188
Joh 16,33	180 ff.	Phil 2,6-11	34, 187
Joh 20,14 ff.	96 ff.,	Phil 3,8 ff.	125 f., 161
	130	Phil 3,12 ff.	126, 161
Joh 20,19.21	180 ff.	Kol 1,15	74 ff., 187
Röm 3,25	65	Kol 2,7	82 ff.
Röm 4,18-25	41 f.	Kol 3,1 f.	127 ff.
Röm 5,5 ff.	34 f., 59	Kol 3,16	188
Röm 6,1-11	101 ff.,	1. Thess 5,18	82 ff.
	107 ff.	2. Tim 2,13	160
Röm 7,4-6	101 ff.,	1. Petr 1,8	79 ff.
	107 ff.	1. Petr 5,2-4	37
Röm 8,1-39	19 ff., 34 f.,	**1. Petr 5,7**	116 ff.
	59, 157 ff.,	Hebr 3,1	127 ff.
	174 ff.	Hebr 11,12	39 ff.
Röm 8,28	79 ff.	Hebr 12,1 f.	127 ff.
Röm 8,32	172 f.	Offb 21,4	93

ALPHABETISCHES VERZEICHNIS DER LIEDER

Die jeweilige Nummer im »Liederbuch« befindet sich in Klammern.

Abendlied – Wir sind dein (8) 132

Auf den Flügeln des Adlers 14

Bleibe bei uns, denn es will Abend werden 100

Bleibe bei uns, denn es wird Nacht (10) 96

Dennoch bleibe ich bei dir (4) 144

Der kleine Hund (34) 24

Du bist das Licht in meiner Nacht (7) 137

Du bist ein Wunsch 19

Du in mir, ich bin dein (6) 157

Es war einmal ein kleiner Hund (34) 24

Fürchte dich nicht (3) 54

Gib mir Liebe ins Herz (1) 29

Gottes Friede sei mit dir 180

Gott sei mit dir. Auf den Flügeln des Adlers 14

Heb deine Augen auf 61

Herr, ich liebe dich (24) 79

Herr, mit dir bin ich gekreuzigt (16) 107

Herr, wenn es stimmt (35) 101

I am Crucified with Christ (16) 107

Ich ahne jenseits meiner Fragen (12) 121

Ich hör mich neue Lieder singen (25) 162

I'll be with You (4) 144

Jeder Schritt sei dein, Herr (36) 71

Lobt den Herren (27) 67

Meine Last ist leicht (14) 45

Möge Gottes Segen mit dir sein (2) 150

Nichts kann dich mehr trennen (11) 174

Petrus, sieh nur zu Jesus (33) 50

Schau vor allem auf Jesus 127

Sei getrost und fürchte dich nicht 116

Sieh die Sterne (9) 39

Turn your eyes upon Jesus 127

Vater, lass mich allezeit (26) 82

Vor uns liegt ein weites Land (5) 110

Was du gabst (30) 168

Wenn ich bedenke (29) 9

When I get the blues (20) 90

When I remember (29) 9

Wir legen diesen Tag in deine Hände (8) 132

Wir sind dein – Abendlied (8) 132